創造する経営者

P. F. Drucker Eternal Collection
ドラッカー名著集
6

MANAGING FOR RESULTS

P. F. ドラッカー
【著】
上田惇生
【訳】

ダイヤモンド社

Managing for Results
by
Peter F. Drucker

Original English language edition published
by Harper & Row, Publishers, Inc.,
Japanese translation rights arranged with Co-Trustee
of the Peter F. Drucker Literary Trust
through Tuttle-Mori Agency, Inc., Tokyo

本書『創造する経営者』は、一九六四年、ドラッカー五四歳のときの著作である。『現代の経営』によってマネジメントの父と仰がれるようになったドラッカーが、事業とは何かを明らかにした世界最初の、かつ今日にいたるも最高の事業戦略書である。

まえがき

本書は、今日「事業戦略」と呼ばれているものについての世界で最初の本である。そして、今日にいたるも最も読まれている事業戦略についての本である。私自身の最初の書名案が「事業戦略」だった。だが本書を著した当時、戦略という言葉は一般的でなかった。知り合いの経営者、コンサルタント、経営学者、書店に聞いたところ、「戦略は軍や選挙の用語であって企業の用語ではない」といわれた。

今日では事業戦略は立派なビジネス用語である。しかし振り返ってみるならば、私は書名を変えたことに満足している。「成果をあげる経営（*Managing for Results*）」では魅力的でないかもしれない。だが本書の目的をよく表している。そして何よりも、企業は、企業の外の世界すなわち市場で成果をあげるために存在するという本書の命題をそのまま表現している。

本書は「何をなすべきか」についての本である。成果をあげるために取り組むべきことを扱う。そのための課題を体系化し、目的意識と問題への理解をもって、その課題を組織的に遂行できるようにする。

本書は、私のコンサルタントとしての経験に基づいている。すべて実際の経験である。ほとんど全ページで具体的なケースを紹介している。私の経験がアメリカを中心としているために、その大部分はアメリカのものになっているが、ヨーロッパ、日本、中南米の例も取り上げた。

本書は、理論的というよりも実践的である。しかしそこには一貫したテーマがある。それは、経済的な成果をあげることが、企業に特有の機能と貢献であり存在理由であるということである。企業の仕事は経済的な成果をあげることである。そして、成果をあげるには、仕事について体系的に考えなければならない。方向性と、方法論と、目的意識をもって仕事をしなければならない。

しかるに今日のところ、経済的な成果をあげることについてはいかなる体系もない。そのための知識の体系化、組織的な分析、目的意識をもつアプローチがない。課題の選別や分類さえ行われていない。企業に特有の課題や機能の体系的、意識的な遂行については、その準備さえ行われていない。

成功している企業や、成果をあげている経営者は多い。しかし、凡庸な成果しかあげられない企業や経営者も多い。

成功している企業が、いかに成果をあげているかを教えてくれる分析は探しても存在しない。企業が直面する経済的な課題が何かさえどこにも書かれていない。いわんや、それらの課題にいかに取り組むべきかについてはどこにも書かれていない。

経営者の机には、毎朝、たくさんの問題が持ち込まれてくる。それらのいずれもが、経営者の関心を惹こうとしている。しかし、いずれが重要であり、いずれが雑音なのか、教えてくれるものはない。

本書は独創性や深遠さを売り物にはしていない。しかし本書は、私の知るかぎり、経営者が果たすべき経済的な課題を体系的に提示しようとした最初の試みである。そして、企業が行うべき経済的な活動を体系化しようとした最初の一歩である。

本書は、三部に分かれる。

第I部が最も長く、分析と理解に重点を置いている。そのうち第1章は、企業の現実、すなわちいかなる企業においても、常によく見られる状況について述べた。続く第2章、第3章、第4章では、企業が成果をあげるべき領域について分析し、それらの領域と、資源や業績との関係、機会や期待との関係について述べた。第5章では、個々の企業とその活動について、コストの流れと構造を分析した。

第6章と第7章では、成果や資源が存在している外部の世界から見た企業について述べた。この二つの章では、「何に対して支払いを受けるか」「何によって食べさせてもらうか」を尋ねている。第8章は、第I部全体の分析を総合して、事業の特性、成果をあげる能力、機会とニーズについての理解をまとめた。

第II部は、機会に焦点を合わせ、意思決定について論じている。企業の三つの種類の活動に関して、それぞれの機会とニーズを述べている。すなわち、第9章は今日の事業の業績をあげることについて、第10章は潜在的な機会を発見し実現することについて、第11章は明日のために新しい事業を開拓することについて述べた。

第Ⅲ部は、洞察と意思決定を成果に結びつける方法について述べている。第12章は、そのための条件として、企業の理念と目標、求めるべき卓越性、優先順位の決定に関わる基本的な意思決定について述べた。

これに加えて第13章は、いかなる機会を追求し、いかなるリスクを覚悟するか、いかに専門化し、いかに多角化するか、新設か買収か、事業とその機会の性格からして、いかなる組織構造が最適かについて戦略的な意思決定が必要であることを述べている。第14章は、成果をあげるために、企業家的な意思決定のメカニズムをいかに組織構造に組み込むかについて述べた。意思決定のメカニズムをいかに仕事や仕事の仕方、組織の精神や人事に組み込むかについて論じている。

そして終章は、それまで述べてきたことを援用して、経営者とそのコミットメントについて述べている。

伝承を知識にまとめ、思考を体系にまとめることは、人間の能力を卑しめてマニュアルに置き換えることと誤解されがちである。もちろんそのような試みはばかげている。愚者を賢者に、無能を天才に変える本はない。

しかし、体系的な知識は、今日の医師に対し一〇〇年前の最も有能な医師以上の能力を与え、今日の優れた医師に対し昨日の医学の天才が想像もできなかった能力を与える。いかなる体系も、人間の腕そのものを伸ばすことはできない。しかし、体系は先人の力を借りて常人を助ける。常人に対し成果をあげる能力を与える。有能な人間に卓越性を与える。

経営者には経済的な職務がある。そして事実、経営者のほとんどが、そのためによく働いている。多くの場合働きすぎなくらい働いている。

本書は、彼ら経営者に対し何か新しい仕事を課そうとするものではない。それどころか本書は経営者が、より少ない労力とより少ない時間で、より大きな力を振るう助けとなることを目的としている。

本書は、仕事を適切に行うことについては述べていない。なすべき仕事は何かを見つける助けとなることを目的としている。

カリフォルニア州クレアモントにて

ピーター・F・ドラッカー

創造する経営者——

❖目次❖

Part:I

第I部

事業の何たるかを理解する

第1章❖企業の現実

企業の本業は三種類

経営者が未来に対し十分な時間と思索を割いていないとは、よく聞く批判である。経営者自身も、仕事について同僚に話したり書いたりするとき、同じことをいう。経営書も同じことをいう。

この批判は正しい。経営者は事業の未来について、もっと時間と思索を割かなければならない。社会的貢献や地域活動にも時間と思索を割かなければならない。これらのものをおろそかにはできない。

しかし、経営者が、明日の仕事に少しの時間しか割いていないことを嘆くだけでは、問題の解決にはならない。明日をおろそかにしていることは一つの症状にすぎない。明日をおろそかにしているのは、今日のことを放っておいては先に進めないからである。しかしこれも症状にすぎない。

真の病因は、経済的な課題に取り組むための知識と方法論が存在しないことにある。

通常、今日の仕事が経営者の時間のすべてを奪っている。しかしその今日の仕事さえうまく行われていることは稀である。目の前の仕事に満足している経営者はほとんどいない。経営者たちは、日常の目まぐるしさに紛れ、未決箱に積み上げられた書類によって酷使されている。

もちろん、あれこれの急を要する問題を解決するための緊急プランでは、的確かつ永続的な成果はあげられないことはわかっている。それにもかかわらず、次から次へと緊急プランに追われている。しかも、何度問題を解決しようが、同じ問題がまた起きる。

明日の問題に取り組むには、その前に今日の問題を時間をかけずに効果的に解決しなければならない。そこで今日の仕事に対する体系的なアプローチが必要とされる。

企業にとって今日行うべき仕事は三つある。

- 今日の事業の成果をあげる。
- 潜在的な機会を発見する。
- 明日のために新しい事業を開拓する。

これら三つの仕事にはそれぞれ異なるアプローチが必要である。異なる問題提起が必要である。したがって結論もまったく異なったものとなる。しかしこれら三つは、切り離すことはできない。しかも同時に行わなければならない。いずれも今日行わなければならない。そして、同じ組織によって、同じ資源、すなわち人、知識、資金を用いて、企業家的なプロセスによって行わなければならない。

未来は明日つくるものではない。今日つくるものである。今日の仕事との関係のもとに行う意思決定と行動によって、今日つくるものである。逆に、明日をつくるために行うことが、直接今日に影響を及ぼす。

三つの仕事は重なり合う。したがって一つの統合された戦略が必要である。さもなければ三つの仕事のいずれもが不可能となる。

これら三つの仕事に同時に取り組むためにはもちろん、そのうちの一つに取り組むためにさえ、経済的な存在としての企業の現実、経済的な成果をあげる能力、利用しうる資源と可能な成果との関係について、理解しておかなければならない。

さもなければ、目まぐるしさに翻弄されるだけである。しかし、そのような理解は、既成の概念によって与えられはしない。企業ごとに手に入れなければならない。

とはいえ、本章において述べる仮説は、あらゆる企業にとっておおむね共通である。企業はそれぞれ異なるものの、その基本においては、ほとんど同じである。規模や構造、製品や技術や市場、社風や経営能力の如何にかかわらず同じである。そこには共通の現実がある。

ほとんどの企業に、ほとんど常にいえることが二つある。一つは、企業の成果と資源についてであり、一つは企業自身の活動についてである。これら二つのことについての仮説から、企業家的な仕事というものの性格と方向に関して、いくつかの結論が導き出される。

それらの仮説のほとんどは陳腐に聞こえよう。よく知られているものともいえる。しかし、それらの仮説を全体として見ることのできる者は少ない。いかに経験や知識に合致していようとも、そこから実際の行動のための結論を引き出せる者はきわめて少ない。
その結果、以下に述べる「企業の現実」についての仮説はもちろん、自らの実際の経験と知識に基づく仮説にさえ、自らの活動の基礎を置いている者があまりに少ない。

企業の現実についての仮説

(1)成果と資源は企業の内部にはない。いずれも外部にある

およそ企業の内部には、プロフィットセンターはない。内部にあるのはコストセンターである。技術、販売、生産、経理のいずれも、活動があってコストを発生させることだけは確実である。しかし成果に貢献するかはわからない。

成果は、内部にいる者や、企業の支配下にある者によって決められるのではない。市場経済における顧客、統制経済における政府当局といった外部の誰かによって決められる。企業の活動が、成果を生むか無駄に終わるかを左右するのは、企業の外部にいる者である。

同じことは、あらゆる企業にとって、独自かつ唯一の資源たる知識についていえる。資金や機械設備など知識以外の資源は、いかなる企業にとっても独自の資源ではない。企業を差別化する唯一にして特有の資源は、科学技術から社会、経済、経営にいたる知識を活用する能力である。企業が市場において価値あるものをつくれるのは、知識のおかげである。

しかし、知識そのものは特定の企業だけの資源ではない。普遍的かつ社会的な資源である。知識

は長期にわたって秘密にしておくことはできない。「誰かにできたことは、ほかの誰かが行う」ことは、昔からの常識である。したがって、知識という企業にとって決定的な資源も、企業の成果と同じように企業の外にある。

企業とは、外部にある資源すなわち知識を、外部における成果すなわち経済的な価値に転換するプロセスであると定義することができる。

(2) 成果は、問題の解決ではなく、機会の開拓によって得られる

問題の解決によって得られるものは、通常の状態に戻すことだけである。せいぜい、成果をあげる能力に対する妨げを取り除くだけである。

成果そのものは、機会の開拓によってのみ得ることができる。

(3) 成果をあげるには、資源を問題にではなく、機会に投じなければならない

改めていうまでもなく、問題をまったくなくしてしまうことはできない。しかし、最小限にすることはできるし、しなければならない。

経済学者は、企業の目的として利益の最大化を論ずる。しかし、利益の最大化は、すでに数知れず批判されてきたように、あまりに曖昧な概念であってほとんど意味がない。

だが、機会の最大化ということであれば、それは、企業家的な仕事についての正確かつ意味ある定義となる。機会の最大化というならば、企業にとっては、単なる効率ではなく成果こそが本質的に重要であるということになる。

重要なことは、いかになすべき仕事を見つけ、いかに資源と活動を集中するかではなく、いかに適切に仕事を行うかではなく、いかに資源と活動を集中するかである。

(4) 成果は、有能さではなく、市場におけるリーダーシップによってもたらされる

利益とは意味ある分野において、独自の貢献あるいは少なくとも差別化された貢献を行うことによって得る報酬である。そして、何が意味ある分野かは市場と顧客が決定する。すなわち利益は、市場が価値ありとし、進んで代価を支払うものを供給することによってのみ得ることができる。

そして価値あるものとは、リーダー的な地位によってのみ実現される。唯一の例外は、一角獣のごとく珍奇な存在たる純粋独占によって得られる利益だけである。

しかしこのことは、業界において巨人でなければならないということでも、製品や市場や技術においてトップの地位を占めなければならないということでもない。規模が大きいということと、リーダー的な地位を占めるということとは同じではない。

多くの業界において、最大手でありながら利益率は最高でないという企業は多い。多くの製品を抱え、多様な市場を相手にし、多様な技術をもたなければならないために、ユニークな仕事はもちろん、多少なりとも差別化された仕事さえ不可能となっているからである。したがってむしろ、二番手あるいは三番手のほうが望ましいことが多い。リーダーシップを発揮できるような市場の一分野、顧客の一階層、技術の一応用に集中できるからである。

しかしあまりに多くの企業が、あらゆることでリーダーシップを握ることができる、あるいは握るべきであると考え、そのために、かえってリーダーシップを握ることができないでいる。

業績をあげるには、顧客や市場において、真に価値のあるものについて、リーダーシップを握らなければならない。価値のあるものとは、製品ラインの中の小さな、しかし重要な一部、あるいはサービスや流通、さらにあるいは、アイデアを早く安く製品に変える能力であってもよい。しかしそのようなリーダー的な地位を占めなければ、事業や製品やサービスは、すぐに倒産寸前の限界的な存在となる。

いまは、リーダー的な地位にあるように見えるかもしれない。市場シェアが大きいかもしれない。歴史や伝統の重みあるいは惰力があるかもしれない。

しかし、限界的な存在になってしまったのでは、やがて、利益をあげることはおろか存続することさえできなくなる。いまはただ執行猶予を受けているにすぎない。情けと惰力によって、存続しているにすぎない。遅かれ早かれ、ブームが去れば排除される。

リーダーシップは、事業戦略において特に重要である。新製品を出した競争相手や、製品を大幅に改善した競争相手に追いつくだけの戦略では、頼りにならない。そのようなことによって得られるものは、若干限界的でなくなるというだけのことである。また、すでに陳腐化した製品の延命という不毛な試みのために、知識という稀少で高価な資源を投入するような防衛的な研究開発も戦略として疑わしい。

(5)いかなるリーダーシップも、うつろいやすく短命である

しかもリーダー的な地位といえども確固たるものとはなりえない。業績をあげる場たる市場や資源たる知識は誰の専有物でもない。したがって、いかなるリーダーシップも一時的な優位性にすぎない。物理の世界と同じように、企業の世界においてもエネルギーは拡散する。

企業は、リーダー的な地位から、その他大勢の地位に簡単に落ち込む。そして、その他大勢になるということは、限界的存在へと落ち込む道を四分の三まで来たことを意味する。業績も、利益どころかせいぜい手数料並みとなる。有能であるだけではそれが精一杯である。

そのような落ち込みから脱出することが、経営者の責務である。そのためには、事業の焦点を、問題の解決にではなく機会に合わせなければならない。リーダーシップを再創造して、その他大勢への落ち込みから反騰しなければならない。惰力に代えて、新しいエネルギーと方向性を手にしなければならない。

次の(6)から(8)の仮説は、企業活動とそのコストに関するものである。

(6)既存のものは古くなる

経営者が、時間の大半を今日の問題に使っているなどというい方は、婉曲話法にすぎない。正しくは昨日の問題に使っている。過去の修正に使っている。

これは、ある程度避けられないことである。今日存在するものはすべて昨日の産物である。今日

の事業、すなわち、資源、活動、組織、製品、市場、顧客は、すべて過去における意思決定と行動の結果である。

しかも、ほとんどの人間が、昨日の事業とともに育っている。彼らの姿勢、期待、価値観は、昨日つくられた。したがって彼らは昨日の教訓を今日使おうとする。事実、あらゆる企業が昨日起こっていたことを正常と見なし、そのパターンに当てはまらないものは異常として退ける傾向をもつ。

しかし、いかに賢明かつ前向きで勇気のあった決定と行動も、それらが普通の行為となり日常の仕事となった頃には、世の中の流れに遅れたものになっている。形成されたときにはいかに正しい姿勢であったとしても、その姿勢を身につけた人たちが意思決定を下す地位に昇進する頃には、その姿勢を形成させた世界はもはや存在しなくなっている。

物事は、予想したとおりには起こらない。未来は常に違う。しかし、将軍たちが昔の戦争に対して備えたがるように、企業人も昨日のブームや昨日の不況に対処しようとする。

既存のものは古くなる。あらゆる意思決定と行動がそれを行った瞬間から古くなり始める。したがって通常の状態に戻そうとすることは不毛である。通常とは昨日の現実にすぎない。

経営者の仕事は、昨日の通常を、変化してしまった今日に押しつけることではない。企業と、その行動、姿勢、期待、製品、市場、流通チャネルを新しい現実に合わせて変化させることである。

(7)既存のものは、資源を誤って配分されている

企業は、自然現象ではなく社会現象である。そして社会現象は正規分布しない。

つまり社会現象においては、一方の極の一〇％からせいぜい二〇％というごく少数のトップの事象が成果の九〇％を占め、残りの大多数の事象は成果の一〇％を占めるにすぎない。

これは市場についてもいえる。数千の顧客のうちごく少数の大口顧客によって、受注の大半は占められる。製品ラインの中の数百品目のうちごく少数の品目によって、売上げの大半が占められる。営業についてもいえる。数人の営業部員が新規取引の三分の二をとってくる。工場についてもいえる。わずかの生産ラインが生産の大半を賄う。研究についてもいえる。数人の研究者によって重要なイノベーションのほとんどが生み出される。

人事の問題についてもいえる。問題の大半は常に特定の場所や特定の社員が引き起こす。無断欠勤や中途退職、提案制度のもとにおける提案、さらには事故についてもいえる。ニューヨーク・テレフォン社の調査例が示しているように病欠率についてもいえる。

しかし社会現象の分布に関するこの簡単な仮説が、次のような大きな意味をもつ。

第一に、業績の九〇％が業績上位の一〇％からもたらされるのに対し、コストの九〇％は業績を生まない九〇％から発生する。業績とコストとは関係がない。すなわち業績は利益と比例し、コストは作業の量と比例する。

第二に、資源と活動のほとんどは、業績にほとんど貢献しない九〇％の作業に使われる。すなわち資源と活動は、業績に応じてではなく作業の量に応じて割り当てられる。その結果、高度に訓練された社員など最も高価で生産的な資源が、最も誤って配置される。大量の仕事を処理していかなければならないという現実と、困難な仕事には一種の誇りが伴うという心理が相まった結果でもある。

これらのことはあらゆる調査で明らかにされている。ここに一つの例がある。

ある大手のエンジニアリング会社では、高給の人材を擁する数百人からなる技術サービス陣を誇りにしていた。事実彼らは一流だった。

しかし彼らの配置状況を分析したところ、確かによく働いていたが、業績にはほとんど貢献していないことがわかった。彼らのほとんどが、彼らにとって興味のある問題、特に小口顧客からの技術的に面白い問題と取り組んでいた。それらの問題は解決してもほとんど業績にはつながらなかった。

大口顧客は、売上げのほぼ三分の一を占める自動車メーカーだった。しかし、技術サービス陣のうち自動車メーカーのエンジニアリング部門や工場に足を運んだことのある者はごくわずかだった。「GM（ゼネラルモーターズ）やフォードは、私たちを必要とはしていない。彼らのところには人がいるから」がその弁解だった。

同じように、多くの企業において、営業部員が誤って配置されている。優秀な営業部員の多くが、昨日の製品、あるいは、マネジメントが独善と見栄から成功させようとしている並の製品を担当させられている。

そして明日を担うべき重要な製品については、売るための努力が十分払われていない。大いに売るべき製品が軽く扱われている。「特別のことをしなくても、うまくいっているから」と片づけられている。

研究開発、設計、市場開拓、広告さえも、同じように業績ではなく作業の量に応じて力が注がれている。生産的なものではなく困難なものに、明日の機会ではなく昨日の問題に力が注がれている。

第三に、利益の流れとコストの流れは同量ではない。経理の帳簿や経営者の頭の中では、利益とコストは循環しているが、現実は違う。確かに、利益はコストを賄う。しかし、利益を生み出す活動に意識的に力を入れないならば、コストは何も生まない活動、単に多忙な活動に向かっていく。資源や業績と同じように活動やコストも拡散する。

したがって、企業活動の評価と方向づけの見直しを常に行わなければならない。しかもこの見直しは、見直しが最も必要でないと思われる活動、すなわち現在の事業について最も必要とされる。

事業が最も成果をあげなければならないのは現在である。最も厳格な分析と最も大きな労力が必要とされているのが現在である。しかも、昨日の洋服につぎを当てるほうが明日の型紙をデザインするよりも、危険なまでに易しい。

断片的なアプローチでは問題は見えない。事業を理解するには、事業全体を見なければならない。企業の資源や活動を全体としてとらえ、それらの資源や活動が、どのように製品、市場、顧客、用途、流通に割り当てられているかを見なければならない。どのような活動が問題に振り向けられ、どのような活動が機会に振り向けられているかを見る必要がある。資源や活動の方向づけと配分を、常時、比較し検討していかなければならない。

部分的な分析では、事実が誤って伝えられ方向を誤る。事業全体を一つの経済システムとして見ることによって初めて真の知識が得られる。

⑻業績の鍵は集中である

業績をあげるには、大きな利益を生む少数の製品や製品ライン、サービス、顧客、市場、流通、用途に集中しなければならない。

あまりに規模が小さなために、あるいは分散しているためにコストを発生しているだけの製品に対しては、できるかぎり力を入れないようにしなければならない。業績をあげるには、コストの改善が業績に大きな影響を与える数少ない分野、すなわち、わずかな能率の向上が大きく業績を改善する分野に仕事と労力を集中しなければならない。

そして、人材は、少数の大きな機会に集中しなければならない。特に、成果をあげる知識をもつ高度の人材についてこのことがいえる。そして何よりも、このことは、あらゆる人材のうち最も稀少で最も高価であるばかりでなく、最も大きな成果をあげうる人材、すなわち経営者についていえる。

今日、効率性の原則のうち、集中の原則ほど守られていないものはない。企業だけではない。政府はあらゆることに少しずつ手をつけている。今日のマンモス大学、特にアメリカの大学は、教育と研究、地域貢献活動、コンサルタント活動等、あらゆることをしようとしている。

しかし、企業特に大企業の活動も、これらに劣らず拡散している。かつてアメリカの産業は、意図的に製品の陳腐化を図っていると非難されていた。また、規格化を進めていると非難されていた。皮肉なことに、アメリカの産業は、行っていなければならないにもかかわらず十分行っていないことについて、行っているといって非難されていたことになる。

これまでアメリカの大企業は、いかに特殊な製品でも供給しようとし、あらゆる種類の欲求を満足させようとしてきた。さらには、そのような欲求を刺激しようとし、刺激できることを誇りにしてきた。また、きわめて多くの大企業が、自らの意思からは一つたりとも製品を放棄しないことを自慢にしてきた。

その結果、あまりに多くの大企業が、製品ラインの中に、一万に近い品目を抱え込むにいたっている。そして多くの場合本当に売れているのは二〇品目以下である。しかもそれら二〇品目以下の製品が、売れない九九八〇品目のコストを賄うための利益を生まなければならなくなっている。

事実、今日アメリカの競争力の問題点は、その製品のとりとめのなさにある。ほとんどの産業において、主力製品は、賃金の高さや税負担の重さにもかかわらず十分に競争力がある。ところがアメリカの大企業は、コストさえ賄えない膨大な種類の特殊製品に対し、いわば補助金を出すことによって、せっかくの主力製品の競争力を無駄にしている。

今日のアメリカ企業では、スタッフ機能が堕落している。人事、先端工学、顧客分析、国際経済、

OR（オペレーションズ・リサーチ）、PR等いずれの分野でも、「少しずつ手を出してやろう」が合言葉のようである。その結果、膨大なスタッフ機構が形成され、しかもそのいずれもが活動を集中していない。

同じように、コスト管理においても、コストが最も発生している分野に集中せず努力を分散させている。コスト削減計画は、あらゆるコストの五％あるいは一〇％を引き下げようとしている。しかしそのような一律的なコスト削減計画では、うまくいっても効果は小さい。

一般的にいって、業績をあげている事業はもともと資金が十分でない。そこへ一律のコスト削減が行われれば業績をあげられなくなる。しかも、逆に浪費にすぎないような事業は、必要なだけのコスト削減が行われないことになる。なぜならば、そのような浪費的な事業には、もともと十分すぎる資金が割り当てられているからである。

これらが企業の現実であり、ほとんどの企業についていえる仮説である。企業経営に対する企業家的なアプローチは、これらの現実に対する認識からスタートしなければならない。

これらの仮説はあくまでも仮説である。事実に基づき、分析によって検証しなければならない。当然該当しない企業や事業もあろう。しかし、これらの仮説は、自らの企業を理解するうえで必要な分析の基礎となるべきものである。

それは、企業家的な三つの活動、すなわち、今日の事業の業績をあげること、潜在的な機会を発見すること、明日の事業を開拓することを行ううえで必要な分析のスタート地点となる。

単純な小企業も複雑な大企業と同じように、これらの仮説を理解しておかなければならない。また、今日についてと同じように、何年も先の未来について考えるうえでも、これらの仮説を理解しておかなければならない。

自らの責任を真剣に考える経営者にとって、これらの仮説は、必要不可欠な手段である。しかしこの手段は、予め用意したり、使いやすいようにしたりしておくことはできない。自らが考え使わなければならない。この手段を設計して発展させ、使いこなすための能力こそ、経営者が当然のこととして身につけなければならないものである。

第2章❖業績をもたらす領域

事業を分析する

事業の分析の基本は、現在の事業、すなわち過去の意思決定、行動、業績によってもたらされた今日の事業の骨格、すなわちその経済的な構造を調べることから始まる。資源と業績、活動と成果、利益とコストの間の関係や、相互作用を調べることから始まる。

具体的にはまず初めに、業績をもたらす領域を明確にし理解しておかなければならない。業績をもたらす領域とは、個々の事業、すなわち扱う製品やサービスであり、顧客や最終需要者を含む市場であり、流通チャネルである。本章は、これら業績をもたらす領域について述べる。

次の第3章は、それら業績をもたらす領域と利益との関係、およびコストとの関係を扱う。またリーダーシップと将来性について分析し、知識労働者や資金など主たる資源について調べる。第4章では、それら業績をもたらす領域についての暫定的な診断を行う。第5章では、コストの流れについて分析する。

事業の分析は、事実の収集を含む。しかし事業の分析の第一段階として業績をもたらすものを規定する作業においてさえ、事業上の判断を必要とする。いかに豊富に事実を収集しようともそれだけでは明らかにされない事業の構造について、判断を必要とする。

さらには、大きなリスクを伴う意思決定、多くの人を驚かせる意思決定、身についた慣習に反しているがゆえに議論を引き起こし意見の対立を招くに違いないような意思決定を必要とする。特に意見の対立は重要である。意見の対立が、現場に近い人たちの心に、事業、製品、経営方針、将来の方向づけについての疑問を生む。

もちろん、そのような疑問から、実際の経験についての誤った解釈も生じる。しかし、経験そのものは実在でありそれ自身重要な意味をもつ。したがって、重要かつ影響の大きな意見の対立は隠すべきでなく、簡単に説明して終わりにすべきでもない。

雷同して決めてしまうことはきわめて危険である。間違った問題に対して、間違った意思決定を下すからである。

したがって、この段階では分析の技術的な完全さを求めるのではなく、意見の対立や判断に関わる問題を明確にすることが重要である。正しい答えではなく、正しい問いが必要である。

とはいえ、事業が、ORや市場分析、高度な経理システムや複雑なコンピュータプログラムによる分析を必要とするほど複雑であり、しかもそれらの分析の能力をもつ場合においてさえも、それらの分析は必要ないといっているわけではない。しかし一般的にいって、この段階

COLUMN 1

事業の分析は、少人数で短期間に行うことができる。ある中堅企業では、経営幹部の1人が、各機能別部門から3、4人の仕事のできる若手を動員して分析チームをつくり、半年でこの分析を行った。使った数字は経理のデータと経済統計の数字だけだった。製品ラインの将来性についての判断などその他のことはすべて、それぞれの担当役員に直接聞いたという。

問題によっては、小さなサンプル調査を行った。例えばある製品の市場におけるリーダーシップを調べるためには、チームの1人が、20人の営業部員と24社の販売店を面接調査するとともに外部のシンクタンクに小規模の消費者調査を行わせた。この分析チームは、全員そろって3週間ごとにトップマネジメントと各部門の長に対し詳細な報告を行った。

分析項目のうち6つほどは、当初予定の半年では分析が終わらなかった。特にそのうち2つについては外部の力を借りなければならなかった。1つは、国内市場における流通チャネルの変化の調査であり、必要なORとコンピュータ計算はコンサルティング会社の手を借りた。もう1つは、海外市場における経済情勢、消費者行動、流通チャネルの調査だった。

しかしこの2つの分析は別として、チーム結成後1年を経ずして、重要な意思決定に必要な分析はすべて終了することができた。やがてこの分析を担当した経営幹部は、上席副社長に昇進し経営企画を一手に担うことになった。そしてそのスタッフは、各部から3~5年ごとに配属されてくる4、5人の若手をもって構成されることになった。

ちなみに今日では、この企業はもはや中堅企業ではなくかなりの大企業に成長している。

の分析においては、分析の緻密さと分析結果の有用性の間にはむしろ逆の相関関係がある。したがって「正しい結果を与えてくれる最も簡単な分析は何か。最も簡単な道具は何か」を問わなければならない。アインシュタインは、黒板よりも複雑なものは何も使わなかった。つまるところ、白熱した議論と意見の対立を招くような分析においては、分析の手法と道具を簡単なものにすることに力を入れなければならない。

さもなければ、分析の手法をめぐる延々とした似非《えせ》議論によって、歓迎されざる分析結果が葬り去られてしまう。あるいはまた、複雑で神秘的な手法は無知と傲慢さを隠す煙幕であるとする、多分にもっともな不信感によって一蹴されてしまう。

したがって、それらの分析を担当する者は、暫定的にせよ何らかの結論を出す前に、しかも不確実な点、曖昧な点、意見の対立がある段階で、分析の結果をトップまで上げなければならない。それらの判断を行えるのはトップマネジメントだけである。なぜならば、それらの判断は事実についての判断ではなく、事業そのもの、事業の将来についての判断だからである。

製品を定義する

業績をもたらす領域についての分析は、製品とサービスの分析から始めるべきである。特に、製品の定義から始めるべきである。経験豊かな経営幹部ならば、製品の定義に関わる問題の重要性については十分理解している。したがって、業績をもたらす領域の分析は製品の分析からスタートすることが賢明である。

まず、いかなる企業にも、ほかの製品の販促品や付属品という本業の主力製品ではない製品がある。それらの製品に対して、主力製品と同じ基準を適用することは間違いをもたらす。それらの製品は、販売促進効果など主力製品に対する貢献によって判断しなければならない。

逆に企業によっては、製品をセットとして販売し、製品本体のほうを販促品や付属品とみなしていることがある。

販促用製品の古典的な例はジレットの安全かみそりである。同社のかみそりは、利益率の高い替え刃市場を創出するために、ただ同然で販売された。かみそり自体から高い利益を期待することは的はずれとされた。問題は、かみそりがどれだけ売れたかではなく、どれだけ替え刃の市場を創出したかだった。そしてさらに替え刃がどれだけ業績に役立ったかだった。

しかし、ある事務用コピー機メーカーの場合はこれとまったく逆の結果となった。当初かみそりにあたるものはコピー機だった。替え刃にあたるものが、コピーに必要なインク、用紙、洗浄液等の消耗品だった。そしてコピー機はよく売れた。しかし、消耗品のほうはこのメーカーよりもよい製品を安く売っている事務用品メーカーに負けていた。

もちろんこのメーカーにとって、コピー機が好調なことは意味のないことだった。コピー機は製品とは定義していなかった。コピー機だけの成功で終わったのでは、コピー機を通じて市場をつくるつもりだった本業の消耗品の観点からは失敗だった。
しかしいまやコピー機そのものが主力製品として成功しうることが明らかになった。そこでこのメーカーは、品質が劣るうえに高価な自社の消耗品を無理に売ることをやめた。とたんにコピー機のほうは、値上げしたにもかかわらず売上げが増加した。よくあることだが顧客のほうがメーカーよりも優れたエコノミストだった。コピー機の耐用年数からして、顧客はコピー機よりも消耗品に多額の金を使っていた。

これらの例は言葉の定義の問題ではない。事業上の重要な意思決定の問題である。問題に対する答えによって、いかなる事業活動を行うかが決定される。

ある消費財メーカーでは、トップの三人が自社の製品Aを別々に定義していた。製品Aは、名の通ったブランド品で大量に売れていたが、季節性のある製品だった。しかし、製品Aの五分の四は、単品としてではなく季節性のない製品Bとのセットで売っていた。セット価格は、それぞれの製品を別に売った場合の合計額の四分の三に設定していた。そしてAを買えばBが半値になると広告していた。
このような状況から、財務担当のトップは、製品Aが製品であって主力製品であると考えていた。帳簿上、値引き分は製品Bの売上げに計上しており、製品Aが高い利益率を誇る形になっていた。したがって彼は、製品Ａに力を入れ、増産し、販促費を増額すべきであると主張した。販売店も同じ考えだった。

しかし生産担当のトップにとっては製品Ａは製品でさえなかった。製品Ａは、製品Ｂの売上げが落ちそうなときに製品Ｂへの需要をつくり出すための販促品にすぎなかった。製品Ａに期待することは、製品Ｂの生産を安定させコストを引き下げることだった。そもそもこれが製品Ａの開発の目的だった。

彼にとっては、特に製品Ａの生産量を多くする必要などなく、単に製品Ｂの売上げ増をもたらしてくれるだけで十分だった。したがって彼は、製品Ａの価格を下げ、製品Ｂとのセットの売上げを伸ばすべきであるとして、製品Ｂの販促に力を入れるべきことを主張した。

そして三人目のマーケティング担当のトップにとっては、セットそのものが製品だった。それだけが現実の独立した製品だった。彼はセット販売を促進しようとした。彼の悩みは、セットの利益率が低いことだった。加えて彼は、製品Ｂの地位を守るために、セットの値引き分を製品ＡとＢの両方に均等に負担させようとしていた。しかしこの案に対しては、二人の同僚がそれぞれの理由から反対した。

ソロモン王といえども三人のいずれが正しいかは決められない。しかしいずれかの道は選ばなければならない。

これと同じ問題は、独自の最終用途と市場をもつ複数の製品が一つの生産プロセスから不可避的につくられるとき必ず出てくる。

石油製品、すなわちプラスチック、殺虫剤、医薬品、染料などは、そのすべてを一つの製品と見るべきなのか。それらの原材料は、原油を精製する際にほとんど不可避的に生産される。それらのうち何をどれだけ生産するかは、石油精製業者ではなく原油の組成が決める。同じ問題はとうもろこしにもいえる。澱粉、接着剤、油脂が必ず生み出される。

あるいはもっと簡単な例として、機能的には同じだが、多様なサイズ、形状、色彩の製品は、すべてをまとめて一つの製品と見るか、別の製品と見るかという問題がある。マーケティング、生産、そして財務分析のそれぞれの論理が、それぞれの答えを出すに違いない。

業績をもたらす三つの領域

事業がその製品に対して支払いを受けるということは、あまりに明らかであって忘れられることはない。しかし、製品には市場がなければならないということは、明らかでありながらしばしば忘れられる。製品を市場に届けるには、流通チャネルがなければならないということも忘れられる。

企業に働くあまりに多くの人たち、特に生産財メーカーの人たちが、自分は散文で話していたことを知らなかったモリエールの主人公ジュルダン氏(1)のように、流通チャネルに依存していることはもちろん流通チャネルを利用していることさえも、気づいていないかのようである。

製品、市場、流通チャネルのそれぞれが、事業活動の領域としてそれぞれ業績をもたらす。したがって、それぞれが収益上の貢献をもたらすとともにコストを発生させる。それぞれがそれぞれの資源を割り当てられ、それぞれの将来性をもち、市場におけるリーダーシップ上の地位を占める。とはいえ、これら三つの領域は、総合的に、かつ互いの相関関係において分析しなければならない。最も共通して見られる業績不振の原因の一つは、これらの三つの領域間の不適合にある。

例えば、ある製品が極度に不振であるとする。しかし不振の原因は、製品そのものではなく単に間違った市場で、あるいは間違った流通チャネルによって販売していることにあるのかもしれない。

アメリカのある大手食品メーカーが、数年前グルメ食品を発売した。ほかの食品は、大規模店舗、特にスーパーで売っていたにもかかわらず、この新製品は食品専門店だけで売ることにした。そしてこの新事業は失敗した。

しかし、その後間もなく、あまり名の知られていない同業他社が同じ種の食品をスーパーを通じて売り出して成功した。

グルメ食品は、料理の腕がなくとも特別の料理を簡単につくれるようにするためのものだった。しかし一般の主婦にとって、食品専門店は日常利用する流通チャネルではなかった。食品専門店なるものがどこにあるのかを知らず、いわんや、そこで買い物などしたことはなかった。他方、凝った料理をするために食品専門店で買い物をする少数の主婦にとっては、どのような名をつけられていようと量産メーカーによってつくられた加工食品は縁のないものだった。

今日アメリカのマスコミ雑誌の苦境は、主としてその流通チャネルに原因がある。毎週一〇〇万部を売る雑誌が、大量流通チャネルを利用していない。予約購読を勧誘し個別に雑誌を郵送している。一人の購読者を獲得して毎号雑誌を郵送するためのコストが、予約購読料よりも高くなっている。

その結果、広告主が自社の得る価値と読者の得る価値の両方のコストを負担させられている。もちろん喜んで負担しているわけではない。これが実は、昨日の有力誌が発行部数の新記録をつくったとたんに廃刊になっている原因である。

アメリカの雑誌が生き残るには、一括予約と一括輸送を戸別配達に結びつける新しい流通チャネルが必要である。だが、そのようなシステムは残念ながらまだない。しかし、まったく不可能ではないことは電話の例が教えてくれるはずである。電話のコストは、大量システムのためのものでありながら、サービスは個別である。

市場と流通チャネルは、業績をもたらす領域として製品よりも重要なことがある。製品は経理上も事業の一部である。事業の領域内にある。しかし、市場と流通チャネルは、経済的にのみ事業の一部である。

経済的には、製品は、市場にあって、流通チャネルを通じて最終用途のために購入されて製品となる。しかし、市場と流通チャネルのほうは製品から独立して存在する。一義的に存在する。製品のほうが二義的に存在する。

市場と流通チャネルは事業の外部にあってコントロールできない。製品の変更は命令できても、市場や流通チャネルの変更は命令できない。確かに、ある程度は市場や流通チャネルを変化させられるが、ごくわずかにすぎない。

ある家庭用消耗品のメーカーは、アフターサービスのためには、ある製品を家具店のような専門店で売らなければならないと考えた。優れた製品であって評判もよかった。販促も順調だった。専門店のほうも、経験のある店員を配置し陳列にも力を入れてくれた。説明書も十分用意し万全を期した。しかし売上げは伸びなかった。

二か月ほどで消耗されるその製品には、家具店は間違った流通チャネルだった。そのような製品は大衆消費財であって、大衆が買い物をするところで売らなければならない。家具店ではなく大量販売を志向する大規模小売店でなければならない。

そのメーカーは、家具店に大衆を呼び寄せて買わせようとし、みごとに失敗した。しかしやがてこのメーカーも、今日のアメリカの市場では、大量流通が可能なのはスーパー、デパート、ショッピングセンター、ディスカウントハウスなど大衆が買い物をする場所であることを認めた。そこで製品を設計し直し、アフターサービスが不要なものにした。そして大量流通と大量販売によって、製品の品質、消費者の満足、販売促進の効果を実現した。

流通チャネルは重要であるばかりではない。そこには特有のきわめて複雑な事情がある。流通チャネルは流通の経路であると同時に顧客でもある。流通チャネルは、製品に適合すると同時に、市場、顧客、最終用途に適合しなければならない。そしてなおかつ製品のほうが、顧客としての流通チャネルと適合しなければならない。

もちろん、流通チャネルが製品や市場に合っていなければ失敗する。製品は市場に到達しない。購入されないし、業績をあげることもない。しかし、製品のほうが顧客としての流通チャネルに適合していなければ、そして同時に、販売方針が流通チャネルに適合していなければ、顧客としての流通チャネルが買ってくれない。

普通、ブランド品の大衆消費財メーカーはこのことを承知している。彼らは、主婦と小売店という異なる期待と要求をもつ二種類の顧客をもっていることを知っている。しかし、大衆消費財以外のメーカーのうち、このことを知るものはあまりない。

大衆消費財以外の消費財メーカーは、小売店を流通チャネルとしてだけ見ている。顧客としてまでは見ていない。家電などの産業でディーラー関係の問題が慢性化している原因がここにある。

逆に、生産財メーカーは、顧客が流通チャネルであることに気づいていない。製紙会社や製パン会社などのユーザーを顧客としてだけ見ている。しかし、生産財のユーザーは、製紙用のモーターや接着剤、製パン用の甘味料を自分の市場や顧客や最終用途のために購入しているのであり、流通チャネルの機能を果たしている。

製鋼プロセスでしか使われない化学製品ならば、その売上げは、鋼材の売上げ如何にかかっている。
もちろん、製鉄会社が他社から購入したりほかの化学製品を使うことになれば、仕事はなくなる。顧客としての製鉄会社を失ったために仕事がなくなる。しかし、たとえ製鉄会社がその化学品を気に入っていても、製鉄会社自身が市場を失うならば同じように仕事はなくなる。

生産財メーカーの顧客たる製パン会社などのメーカーは、二つの役割を演ずる。純粋の顧客であるとともに純粋の流通チャネルである。そしていずれの役割においても、生産財メーカーにとって致命的に重要な存在である。

例えば合成繊維のメーカーは、服地や衣服のメーカーである顧客のそれぞれの市場における業績に対し重大な関心をもたざるをえない。

そして最後に、先進国、発展途上国の如何を問わず、現代の経済においては、流通チャネルは技術よりも速く変化する。顧客のニーズや価値観よりも速く変化する。流通チャネルに関する意思決定のうち、五年経っても陳腐化せず、新しい考え方や根本的な変化が必要にならないものはない。

市場に対してもまた、流通チャネルに対してと同じように注意を払う。市場の分析は、製品の分析よりも多くの洞察を与える。好ましからざる現実も明らかにする。

しかし、企業の分析はまず製品の分析から入るべきである。分析のプロセス、目的、構造、有効性の証明は、流通チャネルや市場の分析ではなく、業績をもたらす領域として最も馴染みのある製品の分析によって確立しなければならない。

だが大規模小売店舗の場合は、顧客の消費行動の分析から入るべきかもしれない。よく行われている商品別の分析ではあまり多くは明らかにされない。金融のスーパーマーケットである市中銀行の場合も、金融サービス別の分析ではなく顧客の分析から入るべきであろう。

以上述べてきたことには一つだけ大きな例外がある。大企業において事業単位がいくつかの完全なまとまりになっている場合には、それらの事業単位そのものから分析をスタートさせてよい。

そのような事業単位は、製品や製品ラインあるいはサービスよりも単位が大きいというだけではない。事業全体の業績のほうが個々の製品やサービスの業績よりも現実に近いものを把握できるからである。事業全体に投入された資源を把握するほうが現実に近いものを把握できるからである。業績、資源、投資を大きな誤差なく把握できるからである。

そのような場合には、個々の製品に対する投資は推測さえできない。ひとまとまりの事業単位として分析したほうが、責任も明確にしやすく目標も設定しやすい。実は、このような考え方が組織の分権化の論拠である。しかし、そのようなひとまとまりとしての事業についての分析のあとでは、必ずその事業を構成する製品、市場、流通チャネルという業績の三大領域について、個別の分析が必要である。

しかも、その後再び、事業全体についての総合的な分析が必要である。そしてしかるのちに、再び高度の洞察と理解のもとに製品についての分析を行うこととなる。

第3章❖利益と資源、その見通し

利益への寄与

事業そのものの分析や、業績をもたらす領域の分析において基礎とすべき基本的な事実は何か。今日、あらゆる経営者が数字の洪水に悩まされている。毎日、次から次へと数字が出てくる。しかしそれらのうち意味のあるものは何か。そしてその意味するところを迅速かつ効果的にしかも信頼できる形で伝えるには、何をいかにして示すべきか。

本章およびその後の数章は、事業のレントゲン写真ともいうべきものを扱う。そして分析の考え方を扱う。具体例として、ユニバーサル・プロダクツ社（仮称）の分析を単純化して示す。同社は比較的順調な中規模メーカーである。アメリカとヨーロッパにそれぞれの経営機能、工場、営業機能をもち、数十年来両方の市場でほぼ同規模の事業をしている。

ここでは、業績をもたらす領域のうち製品についてのみ分析する。しかし、その分析の考え方は、市場、顧客、最終用途、流通チャネルなど業績をもたらすほかの領域についての分析にも有効なはずである。また、事業がサービスの提供である企業にも有効なはずである。

この分析では、単一の製品だけでなく、全製品を対象にする。製品ごとの業績、コスト、資源、見通しを、企業全体の業績、資源、活動との関連において分析する。作業量という概念以外はほとんど通常の経理の数字を使っている。しかし、本章に示す各種の表は見慣れないものかもしれない。分析は、第1章で述べた「企業の現実」に関する仮説からスタートする。

(1)利益の流れとコストの流れは同じではない。

(2)事業上の事象は、成果の九〇%が一〇%の原因から生まれるという社会的事象に特有の分布の仕方をする。

(3)利益は売上げに比例し、そのほとんどは、わずかな種類の製品、市場、顧客によってもたらされる。

(4)同じく、コストは作業量に比例し、そのほとんどはわずかの利益しか生まないおそらく九〇%という膨大な作業量から生じる。

なぜコスト会計を使わないか

コストが作業量に直接比例することは驚くべきことではない。

- 五万ドルの取引は、五〇〇ドルの取引と、コストはあまり変わらない。一〇〇倍はかからない。
- 売れない製品の設計も売れる製品の設計もコストは同じである。
- 小口注文の処理も大口注文の処理もコストは同じである。受注、日程管理、請求、集金のいずれも作業は同じである。
- さらに、小口注文の包装、保管、出荷のコストさえ大口注文とほとんど同じである。小口注文で時間が短くてすむのは生産だけである。しかし、生産のためだけに発生するコストは、近代工業においてはきわめて小さい。そして生産以外では時間や手間は小口注文も大口注文も同じである。

しかし、それでもなお、なぜコスト会計を基礎に分析しないのかという疑問があるかもしれない。コスト会計は正確なコストを教えてくれるではないか、というのである。だが製品コストが事業の総コストに占める割合を計算するためにコスト会計を使うことは間違いである。

コスト会計では一セントの支出も記帳しなければならない。したがって、あるコストがどの製品の生産のために支出されたかを明らかにできないとき、それらのコストは全製品に配賦される。しかし、それは間接費はすべて直接費あるいは売上高に比例して発生するという前提があって初めて行いうる。その額が、総コストのわずか一、二割であるかぎりは問題はない。五〇年前がそうだった。

しかし今日、総コストのきわめて多くの部分が直接費ではない。すなわち、製品を生産するときにのみ発生し生産高に応じて増えるものではない。直接費は外部から購入した原材料と消耗品だけである。

いわゆる直接労務費でさえ、今日では生産高に比例して変動はしない。工場で何を生産しようと直接労務費はほとんど変化しない。ほとんどの製造業およびすべてのサービス業において、労務費は生産高ではなく時間に関わるコストである。つまるところ、今日では生産高とともに変動する直接費として扱えるものは、原材料費を除けば総コストの四分の一以下である。

もちろんこれらの事実は、コスト会計上は重要でないかもしれない。間接費を生産高や生産量に比例させて配賦しても、製造費や仕上げ費など製品そのもののコストを構成する原価要素間の比率は実質的に歪められない。すなわちコスト会計の数字はコスト要素間の関係に不都合があればそれを正しく教えてくれる。

しかし、特定の製品のコストを知るには、コストのうち膨大な部分が比例配分によって決定されているような数字は役に立たない。なぜなら、コストがどれだけかかっているかについてコストの配分という形での判断がすでに行われてしまっているからである。

しかもコスト会計の数字は、コストが正規曲線に従って発生するという最も起こりえない状況を想定している。

例外はある。例えば、本質的に一種類の製品しかない事業である。

GMの生産物のほとんどは自動車である。そこで同社は、操業度八〇%を前提として、工場で発生した総コストを生産台数で割ることによって一台当たりのコストを計算している。

もちろんこの計算も一種の一般化にすぎない。おそらく正しいであろうというものにすぎない。しかし、きわめて単純な一般化ではあるが概念的には間違っていない。

また、海運会社の船舶や航空会社のジェット機など、際立って大きなコストセンターが存在する場合も、コストは容易に把握できるし、そのまま利用できる。

しかしそれらの場合を除き、コストの計算は簡単ではない。われわれは現実のコストを見ていかなければならない。明確な焦点のない事業のコストは、作業量による配分が最も現実に近い唯一の計算となる。(1)今日の企業活動のコストのほとんどがそのようなコストである。

まず、製品コストのうち通常きわめて明白なものとされているコストが、実は利益への貢献やコストの負担を分析するには不適切である。すなわち原材料と部品の購入費である。

ここに、トースター、コーヒーメーカー、アイロンなど小型電気器具のメーカーの例がある。製品Aの原材料費と部品費は出荷価格の六〇%であって、製品Bのそれは三〇%である。A、Bの売上高は同じであって、しかも利益率はともに一〇%である。したがって業績は同じと考えられている。

しかし実際には、製品Aでは一ドルの利益をあげるには、自社の資源と事業費三ドルを必要とし製品Bでは六ドルを必要とする。さらにここで、製品A、Bともに、増産しても同じ価格で売れるものとし、しかもいずれか一方しか増産できないものとする。その場合、製品Aに同じだけの自社の資源を追加投入することによって、製品Bの場合よりも二倍の追加生産を行えることになる。製品Aの追加生産に三〇ドル分の自社の資源と事業費が必要であるとするならば、製品Bには六〇ドルを必要とするからである。

製品Aの増産のほうが製品Bの増産よりも二倍の利益をあげられる。

したがって製品別の純利益やコストを計算するにあたっては、総売上高や総コストから外部調達の原材料費と部品費を引いた付加価値(2)の数字を使う必要がある。

利益率（利幅）という概念さえ利益の要因の一つにすぎない。利益は利幅に回転率を掛けたものだからである。

ここに二種の製品があって、価格がともに一〇ドル、原材料費が同額であり、利益率がともに一五％であるとする。しかし同一の期間内に、一方は五単位生産して販売でき、他方は一単位しか生産して販売できないとすれば、前者は後者の五倍の利益をあげられることになる。

これは初歩的なことである。しかし利益率と回転率という二つの数字が同時に手元にないときには、このことは容易に忘れられる。例えば、よく知られているのはデュポンが使っているROI（投資収益率）である。本書の分析で使っている利益の概念や数字はすべて利益率と回転率とを含むものである。

また、生産高とは関係なく発生するコストも計算から除外しなければならない。それらのコストこそ真の固定費である。すなわち賃借料、資産税、保険料、維持費、さらには過去の投資に関わるコストである。もちろん固定費が高率の場合には、海上輸送の例について後述するように、別途コストの配分が必要となる。

ここで以降の分析のために用語の定義を次のとおりとする（一般的な会計用語や勘定科目とは異なる）。

(1) **純売上高**……総売上高から原材料費を引いたもの。

(2) **総企業利益**……純売上高から固定費を引いたもの。一般には処分可能利益ともいう。

(3) **製品別売上総利益**……総企業利益に、製品別純売上高が企業全体の純売上高に占める割合を乗じたもの。

(4) **製品別配分コスト**……総コストから原材料費と固定費を引いたものに、各製品に関わる作業量が企業全体の作業量に占める割合を乗じたもの。

(5) **製品別貢献利益**……製品別売上総利益から製品別配分コストを引いたもの。

(6) **製品別貢献利益係数**……製品別売上総利益一〇〇万ドル当たりの製品別貢献利益割合（製品別売上総利益を全社の法人税控除前純利益で割った比率）。製品別売上高の増減が、製品別貢献利益割合の増減に与える効果を表す。近似的な計算にすぎないが、ある製品の売上げが増加したときの業績全体への影響を知るうえで有効である。

表1｜ユニバーサル・プロダクツ社の製品分析表

（単位：100万ドル、カッコ内：%）

総売上高	145		
原材料費	50	製品別配分コスト合計	66.35
固定費	15		
総企業利益	80	法人税控除前純利益	13.15

製品名	製品別売上総利益（全社比）	製品別配分コスト（全社比）	製品別貢献利益（全社比）	製品別貢献利益係数
A	19.0 （24.0）	18.2 （27.4）	0.8 （ 6.0）	0.32%
B	14.0 （17.5）	16.7 （25.1）	△2.7 （△20.5）	損失
C	14.0 （17.5）	7.2 （10.9）	6.8 （ 51.7）	3.69%
D	11.0 （14.0）	5.2 （7.8）	5.8 （ 44.1）	4.0%
E	7.0 （ 9.0）	5.4 （8.1）	1.6 （ 12.2）	1.74%
F	4.0 （ 5.0）	3.4 （5.1）	0.6 （ 4.6）	1.15%
G	4.0 （ 5.0）	3.6 （5.4）	0.4 （ 3.0）	0.75%
H	3.5 （ 4.4）	3.3 （4.9）	0.2 （ 1.5）	0.43%
I	2.0 （ 2.5）	1.85 （2.8）	0.15（ 1.1）	0.55%
J	1.0以下（ 1.0）	1.5 （2.3）	△0.5 （△ 3.8）	損失

表1に、ユニバーサル・プロダクツ社の例を示す。

作業量とは何か

用語の定義および表1の項目には見慣れないものがあるかもしれないが、考え方自体は理解できるはずである。しかし一つだけ例外がある。経理からは出てこない数字を必要とする新しい概念、すなわち製品別配分コストの計算に使ったコストの発生源としての作業量の概念である。

作業量とは何か。そして事業上の多様な作業のうちどれをコストを発生させるものと決めるか。定式化できる答えはない。それは経済理論や経理によってではなく、事業上必要とされる活動の内容によって決めるべきものである。

多くの場合、送り状の数が作業量の単位としては簡単でありかつ把握しやすい。多大のコストを要する事務処理が送り状を中心として行われている場合には、送り状の数を製品コストの指標として使うことができる。

しかし、送り状に複数の異なる製品が記載されている場合には、出荷件数が作業量の客観的な基準となる。

デパートの場合、来店した顧客一人当たりの購買額が指標として知られている。顧客一人当たりの購買額が大きいほど小売りの効率はよい。したがって逆に作業量の単位としては、来店した顧客の人数を使うことになる。

科学計算用のコンピュータメーカーでは、コンピュータ一台の注文にいたる見積書の数を作業量の客観基準として使っている。膨大な技術的、事務的な作業を伴う見積書こそ、真のコストセンターであり、最高の技術者という最も稀少かつ最も高価な資源を消費する胃袋である。

アルミメーカーの圧延工場では、熱間《ねっかん》圧延（加熱した金属を圧延機で延ばす工程）の稼働回数が、作業量の単位として適切であることが明らかになっている。

しかし、同じアルミメーカーでも、自動車用のラジエーターグリルや冷蔵庫用の取っ手を生産している成型工場では、金型工の労働時間が作業量の単位として有効であることが明らかになっている。

航空会社にとって、最も重大な意味をもつコストは空席すなわち無為のコストである。

消費財メーカーにとっては、作業量の単位は、例えば一〇〇ドルの売上げに必要な問屋への訪問回数である。あるいは一〇〇ドルの売上げに必要な問屋の数である。どの問屋へのサービスも同じようにコストがかかる。違いがあるとすれば、コストのかからないのは大口の問屋のほうである。信用上のリスクが小さく支払いが早いだけでなく、必要な訪問の回数もサービスも少なくてすむ。

いかなる種類の作業がコストの計算に適切であるかを決定することこそ、事業についての分析の一部である。この決定自体が、事業そのものの経済的な特質を理解するうえでの大きな一歩となる。しかもそれは、高度のリスクを伴う純粋に事業上の意思決定である。

分析によって、選択肢とそのそれぞれの帰結を示すことはできる。しかしそれらの選択肢のうち、いずれを選ぶかという最終の意思決定はマネジメントの責任である。

作業量によるコストの分析がいかに重要であるかは、一九六三年にニューヨークの経営コンサルティング会社、マッキンゼー・アンド・カンパニーが、アメリカ最大の加工食品メーカー、ゼネラル・フーヅのために行った食品店の利益とコストに関する分析によって示されている。

食品店は、ほかの小売店と同じように、利幅からコストの平均値を差し引いて利益を計算している。したがって利幅の最も大きな商品が最も利益をあげていると考える。しかし管理のよいスーパーのチェーンは、これに加えて商品の回転率を考慮に入れている。

しかし、マッキンゼーの分析は、コストがそれぞれの商品に要する作業量によって異なり、品目ごとのコスト負担には大きな差のあることを明らかにした。

例えばシリアル一箱の利幅と缶入りスープ一箱の利幅とは、一・二六ドルと一・二一ドルでほとんど同じだった。したがって食品店は、これら二つの食品がほとんど同じ利益をあげていると考えていた。しかし作業量による分析の結果、シリアル一箱の純利益は二五セント、缶入りスープは七一セントであることがわかった。

さらに、ベビーフードの利益についても作業量による分析を行ったところ、利幅が大きく回転率が高かったにもかかわらず、あまりにも手間がかかるため、実際には赤字になっていることがわかった。


これまでマネジメントは事業を作業のシステムとしては考えてこなかった。しかし、ひとたびこの考え方をとるならば、特に、理論としてではなく具体例によって理解するならば、その自らの事業への適用は容易である。そしていかに行動すべきかも直ちにわかるはずである。

しかも、コストの客観基準としていかなる作業量を選択すべきかについて意見の違いが出てくるならば、それもまた問題の所在を明らかにしてくれることになる。

もちろん、コストの単位として使うことのできる作業の種類がいくつもあることがある。私の知っているある大手化学品メーカーでは、送り状の数、アフターサービスのための訪問回数、製品の手直しのいずれもが、作業量の代表的な単位、コストの真の尺度となりえた。もし違う尺度を採用したために製品コストの計算が違ってくるならば、それはそれで重要な情報である。少なくともそのような情報は、その製品の特性をめぐって、なぜそれまで意見の対立が存在したかを明らかにしてくれる。

作業がいくつかの大きな単位としてまとまっている事業については、それらの作業のコストをそのまま計上すべきである。各作業のコストを合計すれば、それがそのままその企業のコストとして使える。これは一つの作業のコストが大きくしかも一定している場合である。一隻の船の一部を運航させることはできない。満載であるか否かにかかわらず、船全体を運航させるためのコストが発生する。

同じように、パルプ工場は稼働するか否かであって、半分の速度で稼働することはできない。しかも操業のためのコストは一定しており、パルプを生産するかぎり、全額しかも高額のコストが発生する。

一例を挙げるならば、海運業には三つの種類の大きな作業がある。

第一に、船荷の個数に応じた事務作業がある。船荷の大小、価格の高低、インボイス（送り状）の記載品目数にかかわらず、船荷一個当たりの事務量は同じである。法の定めるところにより、船荷ごとに所定の様式に書き入れ処理しなければならない。したがってある運航の船積みに要する事務コストは、その運航ルートに関わる総事務コストに全船荷に占めるその回の運航の船荷個数の割合を掛けて計算される。

第二に、船積みのための荷役作業がある。ここでは、コストの単位は船荷の積み降ろしに要する時間である。積み降ろしする船荷の大小にかかわらず、船積みネットの時間当たり使用回数は一定である。その間、船倉や埠頭には荷役が待機している。時間がコストの単位である。したがってある運航の船積みに要する荷役のコストは、全荷役コストに全荷役時間に占めるその回の運航に要した荷役時間の割合を掛けて計算される。すなわち船会社にとっては船荷が大きいほど経済的ということになる。

そして第三に、船荷の数や量にかかわらず一定のコストが発生するという、運航そのものに伴う作業がある。資金コスト、維持費、給与、保険料、燃料は、船荷の有無には関係ない。したがって運航に伴うコストは有料積荷率で決まる。一回の運航のコストは以上のコストを中心として計算される。

これらの分析によってすでに重要な結果が得られる。新しい事実が明らかになり、長い間悩まされていた問題が明るみに出る。そして新しく厄介な問題も出てくる。特に業績をもたらす領域として、市場や流通チャネルについて同様の分析を行うとき、新しく厄介な問題が明らかにされてくることが多い。

こうして、製品分析には少なくとも二つの種類の意思決定が必要となる。それは製品を定義することであり、コストの基準としての作業の種類を決定することである。

しかし、われわれは市場におけるリーダーシップという企業の外部における評価、および製品の将来性という未来における評価について分析しなければ、製品について知ったことにはならない。

製品のリーダーシップをもたらすもの

市場における製品のリーダーシップと見通しを分析するには、かなりの労力と、長時間に及ぶ検討が必要である。経験のある経営者ならば、一見簡単そうに見える表2も、そのような検討の結果を集約したものであることを知るに違いない（詳しくは五三～五四ページで後述）。

この種の分析に対しては、かなり冷静な人でも怒り、理性的な人でも「そうは思わない」といって耳を貸さないことがある。ということは、それほど骨の折れる徹底的な分析が要求されるということである。

しかし、分析のための手法そのものは、ＶＡ（価値分析）から市場調査にいたるまでよく知られたものである。中小企業でさえ何年も前から日常的に使っているものである。すなわち、分析の結果は一部には受け入れられないものとなるおそれがあるにせよ、分析の方法自体はよく知られたものである。

もちろん、複雑な大企業の場合には、中小企業よりも分析結果の記述は詳細なものとなる。定量的に記述できるものもある。しかし重要なのは、どれだけ複雑な分析ができるかということでも、どれだけその結果を定量的に示せるかということでもない。重要なのは考え方である。しかも考え方は簡単である。

リーダーシップという言葉は定量的な概念ではない。最大のシェアをもつ企業が本当にリーダー全体の30%であって、製品別配分コスト合計5500万ドルの30%は1650万ドルである。したがって製品Yの製品別貢献利益は、製品別売上総利益1540万ドルから製品別配分コスト1650万ドルを引いて110万ドルの赤字となる。

さらに製品Zは製品別売上総利益が総企業利益の18%、1260万ドルであり、製品別配分コストが全体の約29%、1600万ドルである。したがって製品Zは差し引き340万ドルの赤字である。

このメーカーでは、固定費はかなり高くなっている。そして、ここで示した数字はこの固定費を計算に入れている。ということは、3つの製品とも固定費負担を入れて製品別貢献利益を計算しているということである。したがって、たとえ製品YおよびZのいずれもが赤字であってコストを回収することができなくとも、両製品とも生産しないよりは生産したほうがよいということがありうる。

もちろんその場合は、赤字額が固定費の負担分よりも小さく、かつ代わりに生産、販売すべき収益性の高い製品が存在しないことを条件とする。この2つの条件のうち特に後者が重要である。後者については、口ではいっても実際に計算することはほとんどないからである。固定費をカバーしていればよいとの説は、往々にして無原則な製品擁護論として使われやすい。

製品別の固定費負担は、各製品の製品別総売上高あるいは製品別配分コストのいずれに比例させてもよい。私自身は後者を薦める。後者のほうがより論理的であり、かつ弱い製品を厳しくチェックするからである。

いずれの方法によって計算しても、製品YおよびZは固定費を吸収することによって会社全体の利益に貢献している。しかし製品Zはようやく合格というところである。

COLUMN 2

1つの計算を例示することによって、これまで述べてきた概念の使い方をまとめておきたい。ある缶メーカーが、3つの種類の製品、例えば金属性の缶を生産しているとする。このメーカーの総売上高は1億5000万ドルである。原材料費は5000万ドルであって純売上高は1億ドルとなる。固定費は年間3000万ドルであり、したがって総企業利益は7000万ドルとなる。

製品Xの製品別売上高は4000万ドルであって、原材料費はほかの製品よりも割合が小さく1000万ドルである。したがって製品別売上高は3000万ドル、すなわち企業の純売上高の30%である。

そこで製品別売上総利益は、総売上高1億5000万ドルから原材料費5000万ドルと固定費3000万ドルを引いた総企業利益7000万ドルの30%であるから、2100万ドルとなる。

他方、このメーカーの総コストは1億3500万ドルである。ここから原材料費5000万ドルと固定費3000万ドルを引いた5500万ドルが製品別配分コストの合計となる。

このメーカーにおいてコストを発生させている最も代表的な作業は出荷である。その量は年間25万件である。そのうち製品Xの出荷は、サンプル調査によって6万件、すなわち全体の24%であることが明らかになったとする。ということは、5500万ドルの24%に相当する1320万ドルが、製品Xに配分されるべきコスト（製品別配分コスト）である。すなわち製品Xの製品別貢献利益は、製品別売上総利益2100万ドルから製品別配分コスト1320万ドルを引いた780万ドルである。これは、総売上高1億5000万ドルから総コスト1億3500万ドルを引いた会社全体の法人税控除前純利益1500万ドルの2分の1を超える額である。

これに対し、製品Yの製品別売上総利益は、総企業利益7000万ドルの22%、1540万ドルである。しかし製品Yに伴う作業は会社シップを握っているのは、実は市場のごく一部かもしれない。製品あるいは市場において独占的な地位にあるならば、逆にリーダーシップは握っていないということになる。独占体ではリーダーシップは握れない。

ある製品がリーダーシップをもつということは、市場や顧客のニーズに最も適合しているということである。純然たるニーズに適合しているということである。顧客が喜んで代価を払ってくれるということである。生産者がいかに品質がよいと考えようとも、顧客がそう考えてくれなければ、リーダーシップを握っているとはいえない。顧客がそう考えるということは、競合品よりも優れた製品であるという評価を、進んで代価を払うという具体的な形で表明してくれるということである。

独占者がリーダーシップを失うのは、顧客に選択権が与えられていないからである。独占の顧客は、第二の供給者を待望する。出現してくれさえすれば、そこへ群がり集まる。

いまは独占企業の商品やサービスに十分満足しているかもしれない。しかし、長期の独占状態を経たのちにおいても顧客の支持を得ているような企業は、きわめて稀である[3]。

したがって独占企業は、競争相手が現れた瞬間に、限界的な存在へと変わる危険をもつ。このことは、誰でも知っているが誰にとっても受け入れにくい事実である。しかし、事業の分析においては、競争相手からの挑戦のない製品は危険な製品であるという認識が何よりも重要である。

市場シェアによってリーダーシップを判断するという通常の方法は間違いである。シェアが最大でありながら小さな競争相手よりも利益率がはるかに劣るという例はたくさんある。

市場シェアの優位は、利益をもたらさずにコストをもたらしがちである。市場シェアの大きな企業は、あらゆる領域において事業を行おうとする。しかしあらゆる領域において卓越した活動を行うことのできる企業など存在しない。むしろ小さな特化した企業だけが、時として、自らのあらゆる製品とサービス、あらゆる市場と最終用途、あらゆる顧客と流通チャネルに関して、リーダーシップを握ることができる。

いかに大企業であろうと、あるいは逆にいかに小企業であろうと、限界的な存在になったのでは生き残ることはできない。特に、主力製品、すなわち売上げの大部分を占め、主たるコストの発生源となり、最も貴重な資源を割り当てている製品においてリーダーシップを握らなければ生き残ることはできない。限界的な存在の製品は、十分な利益をあげられない。そして常に、駆逐される危険にある。市場が大きければ大きいほど、すれすれの限界的な存在であることは危険である。リーダーシップのない製品に生き延びる余地はない。

しかし実は、これまでの二〇〇年間における経済学者の教えにもかかわらず、独占に代わるものは、産業への無数の参加、すなわち自由競争ではない。それはごく少数のメーカーや供給業者間の競争、すなわち寡占である。市場が大きくなるほど、新規参入には巨額の資本が必要となり、参入の試みもほとんど行われなくなる。国内の全域を対象として売らなければならなくなるからである。

市場が大きくなると、流通チャネルは、消費者に選択権を与えつつ、かつ、彼らを混乱させたり過大な在庫を招いたりしない程度の数だけブランドを採用するようになる。

――この理由から、例えばアメリカの冷蔵庫、ガスレンジ、食器洗い機、洗濯機等の白物家電産業は、反トラスト法が何をいおうとも、遅かれ早かれ六つほどの大手ブランドへと集約していくに違いない。ディスカウントショップ、デパート、ショッピングセンターなどの大店舗が客に選択権をもたせるには、五、六種のブランドがあれば十分である。

ブランドの数がそれ以上になると、客はかえって混乱し、買う気を失う。しかも在庫が増える。ブランドの過多は、資金、売り場、倉庫を占領する。修理のサービスを難しくする。訓練が必要となり、部品のスペアが必要となる。売り出しキャンペーンの費用が増え、しかも効果はあがらなくなる。

そのような状況のもとで小売業者は、人気のないブランドのメーカーに努力の上乗せを求める。価格の引き下げ、値引き、融資、販促費、中古の下取りなどを求める。当然、人気のないブランドの利益率は下がる。そして、ひとたび景気後退が起こるならば、限界的な存在のブランドは簡単に脱落する。小売店が在庫を減らし人気ブランドに集中するようになる。

市場が大きくなって成熟するほど、集中化が進むのは製品の差別化が進むからである。市場が大きくなると限界的な製品やメーカーの存在の余地は小さくなる。

このことは、特に今日、大衆市場が急速に発達しつつあるヨーロッパや日本についていえる。ドイツやフランスという限定された国内市場においてリーダーシップを握っていた企業や製品が、統一されたヨーロッパ大陸の大衆市場では急速に限界的な存在となっていく。今日ヨーロッパにおいて、中堅企業特に同族会社間の国境を越えた合併や提携が急速に進んでいるのはこのためである。

独占の形成に向かうものでさえなければ、それらのグループ化はきわめて健全であり、ヨーロッパや日本における新しい大衆消費経済のもたらす機会をとらえるうえで、真に必要とされるものである。

しかも市場の拡大は、特色ある製品やサービスに対し、それぞれの市場や最終用途においてリーダーシップを握る機会をもたらしてくれる。

特殊化学製品の市場がその一例である。大手一般プラスチック製品のメーカーを買い手とする市場の成長は、特殊化学品のメーカーにとって売上げと利益の両面において大きな機会となる。

また例えば、インディアナ州コロンバスの中堅企業カミンズ社は、大型トラックのエンジンメーカーとして、高い利益率を誇っている。しかし、GMのような大メーカーが、バス、船舶、ディーゼル車など広範な用途用に各種エンジンを供給していなかったならば、カミンズ社もその成功の原因たる狭い製品ラインへの特化はできなかったに違いない。その場合、多用途のエンジンでなければ売込みもアフターサービスもできなかったであろう。

今日、いくつかの中小企業が特殊用途向けの低馬力モーターに特化し、GE（ゼネラル・エレクトリック）やウェスチングハウスよりもよい業績をあげている。GEやウェスチングハウスは、あまりに圧倒的な市場シェアを占めているために、かえってあらゆる種類の顧客と最終用途向けにあらゆる種類のモーターを供給せざるをえなくなっている。そのため、いくつかの

――製品ラインについては限界的な存在になったり、赤字を出したりしている。

市場におけるリーダーシップは価格や信頼性によって実現される。製品によっては、メンテナンスの容易さが決定的に重要になることもある。あるいは、製品によってはメンテナンス不要の保証がリーダーシップをもたらしてくれる。海底ケーブルがそうである。あるいは、町から六〇マイル離れ、着くまでに大吹雪に二度も遭うような山頂に建てるマイクロウェーブ中継所がそうである。

さらには、市場においてリーダーシップを握るには、外観、スタイル、デザイン、知名度、最終製品への組み入れコスト、サイズ、アフターサービス、早期の引き渡し、技術指導などが、大きな役割を果たす。

しかし、メーカー自身が高品質と考えているだけでは何の役にも立たない。メーカーがどう考えようとも、値段が高いだけで特に違うところや優れたところのない限界的な製品であったのでは、リーダーシップとはまったく無縁である。高品質をうたっても、市場が認めてくれなければリーダーシップは成立しない。顧客が喜んで買ってくれなければならない。製品のリーダーシップとは、精神や美学ではなく、経済に関わる用語である。

値段の安ささえ、製品のリーダーシップの基準ではない場合がある。逆に顧客が値段ばかりいって、品質を考えてくれないとこぼすメーカーがある。しかし顧客は明確な選好基準をもっており、それに対して支払いをする。メーカーがその選好基準を満足させていないだけである。

市場経済のもとでは、顧客が喜んで代価を払い、優先して購入してくれることだけが、経済的な

表2 ユニバーサル・プロダクツ社の製品分析――リーダーシップと見通し

製品名	リーダーシップ上の地位	趨勢	見通し	現状
A	限界的存在。競合品並み。売上げ1、2位。	―	減	―
B	限界的存在。発売5年。当初高級市場向け。売上げは見込みの半分・値下げ数回、ただし効果なし。	減	減?	×
C	リーダーシップあり。意外な成功。特殊市場向けとして発売。ただし製品Aと競合。	減	増	―
D	リーダーシップあり。低利益の低価格品。製品Bの一般向け。ただし製品Bと競合。他社一般向け製品よりも2割安。	増	大幅増	―
E	限界的存在。中小企業向け。成長余力なし。顧客および潜在顧客は他社高級品を好む。クレーム多し。	減	増	―
F	限界的存在。ただし市場によっては健闘。業務用需要。アフターサービスの魅力。	―	―	×
G	製品Fと同じ。	一定増	―	―
H	限界的存在。業務用新規市場(未成熟)への参入を意図。競争相手よりも技術優位、ただし高コスト。	―	―	×
I	陳腐化。10-15年前の主力製品。中小ユーザーの旧式工程用。	―	―	×
J	リーダーシップあり。開発直後。顧客設備の運転速度アップと稼動期間延長に有効。	増	大幅増	―

成果を測る有効な基準である。そうでない製品は、すでに限界的な存在であるか限界的な存在になりつつあるものと疑わなければならない。

したがって、製品の市場におけるリーダーシップの分析には、「この製品は、ほかの製品に優先して、あるいは少なくとも同程度に求められて購入されるか」「顧客に購入させるには、**表2**の製品FやGのように、特別のアフターサービスを提供しなければならないか」を問わなければならない。

そして「顧客からの代価として、最小限必要な平均的な利益を得ているか」「製品の特性に見合う代価を受けているか」「製品C、Dのようなわれわれが知らないリーダーシップや特性はあるのか」と問わなければならない。

主力製品に際立った特性がなく、市場でリーダーシップを握っているという確証がないならば、売上げや利益が順調なうちに手を打たなければならない。売上げや利益はいつ急落するかもしれない。しかし誰も準備ができていない。誰も危険を感じていない。それらの製品の地位を挽回したり、代わるべき新製品を開発したりするために働いている人もいない。

次は、製品の見通しについての分析である。前ページ表2の右欄は、多大の作業とそれを上回る論議の集約である。今後五年間にそれぞれの製品がどうなるかという見通しについての判断は、現在の市場におけるリーダーシップの判断と同じように白熱した論議の的となる。

表2を一瞥しただけで、経験に富んだ経営者ならば、製品Aについては、例えばエンジニアリング部門あたりから反論が出されるであろうことが、製品Bについては、なおかつ楽観的にすぎるであろうことが明らかなはずである。

製品Dについては、経理は高い評価を与えることに反対であろうが、営業はさらに高い評価を与えるべきだと考えるに違いない。製品Iについては、量は少なくとも売上げは続くという期待は、希望的観測にすぎないかもしれない。しかし、この製品を設計し、製作し、販売して今日の地位に昇進してきた古い人たちは、まだ再生を信じているのだろう。

これらの分析の目的や必要性については改めて説明するまでもないであろう。驚くべきは、このような分析を一般にあまり行っていないということである。もちろん個々の製品については分析している。特に大企業では市場についての分析も行っている。しかし通常、長期計画を重視している企業さえ、業績をもたらす領域のすべてについてはおろか、それらの領域のうち製品だけについてもこのように横断的で同時的な分析は行っていない。

横断的な分析はたとえ容易でないとしても、行うことはできるはずである。しかもそれは成果と業績をあげるための最も有効な問題提起の方法である。

資源はどこにあるか

若干先へ進みすぎたかもしれない。なぜならば、これこれの製品は限界的な存在であるとしたり、これこれの製品は現在の地位を維持するうえで技術サービスなど何らかの手当てが必要であるといえるためには、製品分析の次の段階の結果を見ておかなければならないからである。

次の段階とは、基幹的な資源の配分についての分析である。

ここまでは、企業やその製品に起こっていることを中心に分析してきた。しかしついに、企業が何かを起こすために行うことについて分析するところまで来た。

企業にとって、基幹的な資源は二つしかない。一つは知識という資源、すなわち購買、販売、アフターサービス、技術、マネジメントの人材である。そしてもう一つは、資金である。これら稀少かつ高価な資源は、何に使われているか。業績をもたらすいかなる領域に使われているか。機会と問題のいずれに使われているか。重要かつ将来性のある機会に対して使われているか。

表3・表4は、ユニバーサル・プロダクツ社における資源配分の分析である。

資源配分はきわめて大きなインパクトをもつ。あるいはもたなければならない。強力な企業と弱

表3｜ユニバーサル・プロダクツ社の製品分析——人材配置

製品名	マネジメント	技術部門	営業部門・アフターサービス部門
A	強力	優秀、豊富	優秀、豊富
B	強力	強力	強力
C	良	弱体	平均的
D	充実	平凡	平均的
E	不在	平凡、豊富	アフターサービスへの強いニーズ
F・G	技術的に良質	良質	最高の営業スタッフ。アフターサービス良好。
H	特別チーム	最高	販売キャンペーン中
I	弱体	弱体	営業スタッフ弱体。ユーザーの工場内でのアフターサービス充実。
J	充実	きわめて充実	なし

表4｜ユニバーサル・プロダクツ社の製品分析——資金配分

製品名	全製品に占める割合	
	運転資金（棚卸資産と売掛金の合計）	販売促進費
A	15%（Bと合わせて売掛金の80%）	25%
B	45%	40%
C	5%（主として在庫）	5%以下
D	3%（主として未達品）	ゼロ
E	10%（主として補修品）	5%
F・G	ほぼゼロ（現金支払い）	10%（主として取扱説明書）
H	15-20%（すべて売掛金）	10%（主としてユーザー対策費）
I	5%（主として補修品）	5～7.5%（下取り用）
J	ゼロ	予算未計上

体な企業を分けるものは技術的な専門家である。営業陣やアフターサービス陣である。さらにはマネジメントである。そして彼らの知識、動機、方向づけである。

企業がもっている資源には、その使い方を比較的短期間に動かせるものがある。知識労働者と運転資金である。それらの資源は管理可能な資源である。これに対し設備投資は、ひとたび投資の決定を行ったあとでは動かしにくい資源となる。

しかし、それら動かせる資源はあまりに管理が容易であるために、正しく管理しなければ必ず間違って管理してしまう。転用の容易性のゆえに、状況からの圧力や緊急事態の影響を受けやすく、しかも勝手にさまよいだす。

「最も利益をあげている製品を生産中のあの最高の工場を使って、半年間だけこの問題のある製品を生産することにしよう。半年後にも、あの優良製品のほうはまた利益をあげてくれるに違いないから」とは誰もいわない。しかし、「明日のための重要な新製品を設計しているあの最高の技術者を使って、半年間だけ、この陳腐化した古い製品の手直しをさせることにしよう」とはいえるし、常にいっている。あるいは「あのうまくいっている新製品の販促費の一部を引き揚げて、陳腐化してしまいそうなこの古い製品のための特別キャンペーンを行うことにしよう。新製品は、どうせうまくいっているのだから」ともいっている。

資源の間違った使い方は、値引き、取扱説明書、包装、広告など、同じく管理可能なほかのコストについても起こる。

全国ブランドの家庭用品を生産、販売しているある消費財メーカーでは、どうひいき目に見ても失敗している四つの製品に、広告費の四分の三以上を使っていた。

他方、利益の大半をもたらし、最高の市場をもち、最大の成長余力があり、市場においてリーダーシップを握っている四つないしは五つの製品には、広告費を断続的にしか割り当てていなかった。それらの製品こそ全広告活動の中心に位置づけるべきものだった。

知識労働者に関しては、人数はあまり意味がない。質のほうがはるかに重要である。運転資金や販促費もまた、その質、つまり何に使うかが、少なくとも金額と同じように重要である。

したがって、予算の金額や人間の数など、定量的な基準には限られた意味しかない。割り当てた資源の質とそれらの用途や目的を明らかにするための詳細な分析が必要である。

私が知っているある一流研究所の所長は、「有能な研究者は、研究者総数の平方根に比例してしか増えず、卓越した業績を持続的にあげる卓越した研究者は、総数の立方根に比例してしか増えない」といっている。すなわち、卓越した業績を持続的にあげる研究者を三人から（三・三倍の）一〇人に増やすには、研究者の総数を三〇人から（三・三の三乗倍の）一〇〇〇人に増やさなければならない。

工場の機械工にせよ、病院の医師にせよ、あるいは大学の教授にせよ、卓越した業績をあげる者の数は、総人員数に対し比例的には増えない。営業部長、技術部長、経理部長、学部長はみな、一人の一人前の部下を手に入れるには、多くの新米を雇い、訓練しなければならないことを知っている。

管理可能なコストが何に支出され何に投資されるかが大きな差を生む。故障した製品のための膨大なスペア部品の在庫も、大きな需要のための膨大な完成品の在庫も帳簿上は同じに見えるが、経済的な意味はまったく違う。

同じように販促費も、自社の従業員に製品の使用法を訓練してほしいという熱心な顧客のニーズに応えるために使われている場合と、製品に対するクレームに対処するための値引き隠しに使われている場合では、当然大きな違いが出てくる。

したがって、それらの資源の質についての分析や配分についての分析は、成果をもたらす領域としての製品の理解において欠くことのできない情報である。

例えば、製品Eに関わる人材は、表3の人材の配分に関する分析によって明らかにされている。すなわち、マネジメントによってではなく現場のアフターサービス陣によってマネジメントが行われているという事実が明らかにされている。なお、製品Hも、もし人材や資金に対する配分がこの分析の結果と異なり、十分でなかったとするならば、まったく異なる解釈を

――しなければならないことになる。

換言するならば、資源配分に関する分析は、企業を理解し、診断し、行動に関わる意思決定を行ううえで、必要にして不可欠なステップである。知識や資金という資源については、成果をもたらす領域への配分のほかにも知るべきことは多い。

しかし、まず何よりも初めにそれらの資源が実際にどのように配分されているか、およびそれらの資源が業績といかなる関係にあるかを知らなければならない。

第4章❖製品とライフサイクル

製品を一一に分類する

市場には、多様な機能と品質をもつ製品やサービスがある。そしてきわめて多くの市場があり、きわめて多くの最終用途がある。多様な顧客があり、製品やサービスを市場や顧客に運ぶ多様なチャネルがある。

しかし、事実上、あらゆる製品、市場、流通チャネルがいくつかの類型に分けられる。極端な例外は別として、すべての製品は次の一一の類型に分類される。最初の五つの類型は、診断も容易、処方も簡単である。

(1)今日の主力製品
(2)明日の主力製品
(3)生産的特殊製品

⑷開発製品
⑸失敗製品

次の六つの類型は、問題のある製品である。

⑹昨日の主力製品
⑺手直し用製品
⑻仮の特殊製品
⑼非生産的特殊製品
⑽独善的製品
⑾シンデレラ製品あるいは睡眠製品

ユニバーサル・プロダクツ社の場合、個々の製品がこれらの類型のいずれに該当するかは、六六ページの表5のとおりである。なお一一という類型の数に特別の意味はない。二、三、増やしても減らしてもよい。

この類型は製品の分類だけでなく、業績をもたらすあらゆる領域の分類に適用することができる。そして、どの類型に分類するかによってその後の処方も決まってくる。

すなわち、これらの類型への分類によって、製品、市場、流通チャネルについて、さらには企業全体について暫定的な診断を行うことができる。

(1)今日の主力製品

この類型の製品は常に大きな売上げを占める。また大きな利益をあげている。コストは最大の場合でも製品別売上総利益以下である。貢献利益係数は最高ではなくともきわめて大きい。通常、デザイン、価格、販売促進、販売方法、アフターサービスを改善することによって成長の余地が残されている。しかし改善を行っても、その成長には限界がある。現在ピークあるいはピークに近い。

ほとんどの企業に、今日の主力製品が一つはある。例示のユニバーサル・プロダクツ社は明らかな今日の主力製品をもたないという点で例外的である。製品Aは昨日の主力製品になりつつある。製品Cには潜在的な成長力はあるが、今日のところ資源的な支援がなく、むしろ明日の主力製品に近い。

今日の主力製品は通常、資源的には十分な支援を受けている。しかし、望むらくは資源的な支援は、現在の貢献利益と貢献利益係数が正当化するよりも少なくしなければならない。ところが今日の主力製品は、通常は合理性の範囲を超える支援を受けている。この点については製品Aが典型的である。

今日の主力製品へのそのような資源の過剰配分は、成長の余地があまりないことが明らかであるにもかかわらず、支援すれば成長させられるはずであるとの希望的観測がまだ根強く存在するからである。

実際には、すでに昨日の主力製品になっている製品を今日の主力製品とみなす傾向さえある。もちろんそのような製品は貢献利益係数によって知ることができる。その点製品Ａは落第である。

(2) 明日の主力製品

これこそすべての製品がそうであってほしいものである。あらゆる企業が、この類型の製品を少なくとも一つはもたなければならない。だが残念ながら、会社発表のリリースや銘柄推奨リポートが喧伝するほど多くはない。

ユニバーサル・プロダクツ社の場合には、一〇の製品のうちＣとＤの二つが明日の主力製品の候補となりうる。

しかし明日の主力製品は、明日の約束であるとともに、今日すでに大きな実体である。今日すでに利益のある大きな市場をもち、受け入れられていなければならない。製品に手直しをしなくとも大きな成長が待っていなければならない。

明日の主力製品の貢献利益と貢献利益係数はすでに高い。実のところ、通常は必要以上に高くなってしまっているものである。必要以上というのは、業績がきわめてよいために支援の必要がないと思われてしまうからである。明日の主力製品の力をフルに発揮させるために必要な資源が、昨日の主力製品や独善的製品に振り向けられてしまっているのである。

これこそ、問題児を養うために機会を飢えさせる典型である。明日の主力製品こそ追加資源の見返りが最も大きな製品である。

明日の主力製品が本当に餓死させられることがある。あるいはまた、きわめてしばしば、明日の主力製品は生み出されるだけで育てる努力が行われないことがある。その結果せっかくつくった市場に競争相手が進出し、耕作や種蒔きをせずに収穫だけしていってしまう。追加の支援を受けないならば、表5の製品Dがこの運命をたどることになる。

---

(3)生産的特殊製品

これは限定された特殊な市場をもつ製品である。真の機能をもち市場でリーダーシップをもつ。製品別純利益はかなり大きい。コストはかなり低い。資源もあまり使われていない。量産品の副産物的な存在である。ユニバーサル・プロダクツ社の製品Eが、やがてこの類型の製品となる。

(4)開発製品

表5の製品Jがこの例である。まだ製品ではない。まったくの開発中ではないまでも、市場に導入中のものである。見通しはわからない。潜在成長力は期待される。

表5｜ユニバーサル・プロダクツ社の製品分析——暫定診断

製品名	診断
A	今日の主力製品。近いうちに昨日の主力製品に。低落傾向。力の入れすぎ。
B	マネジメントの独善的製品。力を抜くべし。
C	今日の主力製品。明日の主力製品としたり、市場にリーダーシップをもたせるためには支援が不足。
D	明日の主力製品。だがシンデレラが年をとる前に王子は来るかが問題。ことによると、眠っている製品とさえいえる。力を入れていない。
E	過大なアフターサービスをカットするため、製品の管理と手直しが必要な製品。生産的特殊製品になれる。主力製品にさえなれるかもしれない。今日のところは限界的存在。
F, G	必要な製品か？　リーダーシップなし。見通し暗い。ただし新主力製品の核となりうる。現在は非生産的特殊製品。
H	もう一つの独善的製品。
I	昔の製品。一昨日の主力製品。
J	開発中。製品化前。ユーザーの高速機器導入に伴いリーダーシップをもつ製品となる可能性あり。しかしわが社は市場を知らず。

開発製品は、マネジメント、技術、販売・サービスの各部門で最高の人材を割り当てられるべきである。しかし人数はごく少数にしなければならない。とはいえ、現在あげている利益によって正当化されるよりは多くの人数を割り当ててよい。

開発製品に関わる最大の問題は、それが何であり現在いかなる業績をあげているかではない。それは、後述する最悪の製品たるマネジメントの独善的製品になってしまうことのないようにすることである。

(5)失敗製品

これは診断や処置を必要としない問題製品である。おのずと現れおのずと消える。

企業史上最も有名な失敗製品である一九五七～五八年のエドセルによる失敗からフォードが立ち直ったように、健全な企業ならば重大な失敗製品を出してもつまずきはしない。

失敗製品は、青いリンゴを食べすぎた子供の腹痛に似ている。痛みは大きい。危険でもある。しかし、健康な子供ならば最初の一日半を越せば回復する。毒は消える。

さてここから先はもっと難しい製品である。

(6)昨日の主力製品

この種の製品は、今日の主力製品と同じように大体において売上げは大きい。しかしもはや利益に貢献はしていない。価格の引き下げ、強力な広告宣伝と営業活動、特に小口の顧客に対する特別のサービスなどによって市場に居残っているにすぎない。

売上げの大きさにしては利益は小さい。しかし、生き延びさせるための作業量は増えている。

前述したように、表5の製品Aが、昨日の主力製品である。表3・表4（五六ページ）に示されているような資源の集中こそ、この類型の特徴である。昨日の主力製品はみなに愛されている。今日の企業を築いた製品である。「古きよき製品Aへの需要は、不朽である」は、いわば社訓の一節となっている。

だが、昨日の主力製品はさらに陳腐化しつつある。間もなく完全に陳腐化する。表5の製品Iのように老衰する。何ものもその衰退を防ぐことはできない。衰退を遅らせるだけでも、割の合わない膨大なエネルギーを必要とする。

⑺手直し用製品

この類型に分類するには厳格な要件が必要である。すなわち、かなりの売上高、大きな成長機会、市場における際立ったリーダーシップの可能性、成功した場合の見返りとしての大きな成果である。しかも、手直しが必要な欠陥が明確であり、その手直しがかなり容易であり、かつ現実に大きな利益と成長の機会が奪われてしまっているものでなければならない。そして手直し用製品は、そのような欠陥を一つだけもつ。

製品Eが手直し用製品である可能性がある。顧客が購入しやすくなるよう、別途提供しているアフターサービスを製品の中に組み込んでしまうならば、この製品は利益のあがる立派な生産的特殊製品となる。

しかもそうすることによって、売上げが大きく伸びるならば、大きな利益をもたらす量産品すなわち主力製品にまでなれる。現在何が欠けているかは明らかである。マネジメントが欠けているのである。

手直し用製品は、間違った顧客を相手にしている場合もある。売るべき相手に売っていない場合がある。あるいは、間違った流通チャネルを使っている場合がある。したがって製品以外の領域について分析するならば、多くの手直し用製品を見つけることができるに違いない。

ユニバーサル・プロダクツ社の場合、すでに過去のものになっている製品Ⅰがその後手直し用製品とされ生き返った。

アメリカの市場では製品Ⅰの陳腐化をもたらした原因そのものが、中南米の市場では理想的な条件となった。そこではシンプルな製品が求められていた。同社の中南米の三つの子会社は、市場ではまだリーダーシップを握っていたものの、急速に利益があがらなくなっていた。簡単な機械を使っているだけのヨーロッパ製品に立ち向かうべき製品がなかったからだった。

そこで同社では、製品Ⅰのアメリカ国内での生産を中止し、中南米の子会社三社に生産させた。アメリカ国内での営業活動は中止し、まだ残っている国内の顧客向けにはメキシコの子会社から輸入することにした。

今日、ユニバーサル・プロダクツ社の中南米子会社にとって、製品Ⅰは今日の主力製品となっている。三社のうちメキシコの子会社はカリブ海諸国に輸出までしている。そしてその輸出高が親会社のアメリカ国内におけるかつての売上高を超えるにいたっている。

次は流通チャネルの間違いの例である。

ある住宅用器具メーカーは訪問販売の成果を喜んだ。訪問回数当たりの購入者の割合が高く、売上げも他社の三倍だった。

しかし、分析してみると訪問販売は赤字であることがわかった。訪問回数当たりの売上げは大きかったが、訪問回数そのものが少なかったためである。営業担当者は、数分ではなく数時間をかけて、製品の実演をしたり、住宅修理や管理の相談に乗ったりしていた。

そこで、同社は訪問時間の短縮を命じた。結果は、売上げ減だった。必要な手直しは、訪問一回当たりの売上げを大幅に上げられるよう、いろいろな製品をもたせることだった。同社はそのような製品、しかもかなり高価格の製品を数多くもっていた。しかし、それまでの訪問販売では、製品の種類を限って、しかも低価格の製品しかもたせていなかった。

そこで営業担当者に小型トラックを用意し、全製品をもたせたところ、数か月後には売上げが数倍となった。

しかし注意しなければならない。問題を抱えている製品のすべてが手直し用製品ではない。そのような製品はきわめて少ない。手直し用製品となるには前述の条件に合っていなければならない。それらの条件のうち一つでも満たさなければ、手直し用製品ではないとしなければならない。さもなければ、昨日の主力製品や、後述する非生産的特殊製品や、マネジメントの独善的製品が、手直し用製品であると主張されるようになる。

いかなる状況のもとであろうと、手直しは一度限りとしなければならない。最初の手直しがうまくいかなかったとき、「どこが悪いか今度はわかった」と訴えてきても無情に却下しなければならない。

そもそも手直し用製品は間違いの製品である。しかし、さらに悪い類型の製品として、マネジメントによる独善的製品なるものが存在する。そして、手直し用製品に二度のチャンスを与えることこそ、この独善的製品を生み出すもとになる。

(8)仮の特殊製品

これは正確にいうならば、妙な名だが「特殊製品である必要のない特殊製品」である。すなわち主力製品として成功するかもしれないにもかかわらず、特殊製品として扱っている製品である。

アメリカでは長年の間、仕様がわずかしか違わない特殊な小型モーターが何種類も設計され生産されていた。その結果、小型モーターの伝統的な分類が役に立たなくなるほど際限のない多様化が行われていた。標準化はなかなか行われなかった。

しかし、ついに一〇年前小型モーターについて標準化を行ったところ、それまでの際限なく多様な小型モーターも五、六種類にまとめられ、それぞれが量産品となった。

仮の特殊製品の兆候は、顧客や市場の一つのニーズに応えることのできる製品が六種類もあるという状況である。六種類の特殊製品のいずれであっても顧客の同一のニーズを満足させられるのであれば、通常の量産品となる可能性が秘められているということである。

もう一つの兆候は、それらの特殊製品のそれぞれが別々の特定の目的のための特殊な製品であるふりをしていながら、実は技術進歩があったとき、その同じ新技術をそれらの特殊製品すべてに対しそのまま適用できるという状況である。

表5の製品FとGが仮の特殊製品かもしれない。少なくとも純利益から判断するならば、生産的特殊製品ではない。

しかし、業績が不十分であるというだけでは、仮の特殊製品であるとは限らない。主力製品となるには、売上げや利益や成長のための本当の機会がなければならない。そうでなければ、次に述べるような単なる非生産的特殊製品にすぎない。

(9) 非生産的特殊製品

これは市場において経済的な機能を果たしていない特殊製品である。顧客が代価を払おうとしない無意味な差別化を行っている製品である。

ある科学機器メーカーの自慢の顕微鏡が非生産的特殊製品だった。このメーカーでは、余分のコストをかけて、その特殊製品を標準仕様製品とは別に生産していた。しかし性能はあまり違わなかった。

それどころか、クレームの四分の三がその特殊製品に対してであり、常に特別のアフターサービスが必要とされていた。その顕微鏡は、クレームが多いために特別のアフターサービス体制を必要とする点においてのみ、標準製品と違っていた。

しかしそのメーカーでは、コストがかかり生産が難しいという理由だけから、その特殊製品が高級品であるという錯覚をもっていた。顧客にそのような錯覚はなかった。

非生産的特殊製品を発見することは容易である。売れないために利益があがらない。顧客の気に入られないために、苦情が多くアフターサービスのための訪問も多い。

しかし、そのような特殊製品は、常に「この製品がなければ、量産品の注文が来ない」などと弁護される。事実そのような場合もあろう。しかしそうであるならば、それは独立した製品ではなくセット物の販促用製品にすぎない。しかも、そのような主張には根拠のないことのほうが多い。実際には標準製品を買おうとしている顧客に対し、「こういう機能がついていますよ」といって押しつけていることが多い。

イギリスのある金属製品メーカーでは、売上げの二〇%にすぎないある特殊製品がコスト全体の七〇%を占めていた。営業部門は、その特殊製品が主力製品に顧客を惹きつけておくうえで必要な製品であるとしていた。しかしやがて、主力製品と同種の製品が若干安い価格で大陸から輸入されるようになり、顧客をとられてしまった。

このイギリスのメーカーは、主力製品に高い値をつけていたにもかかわらず、特殊製品のコストのために赤字になっていた。これに対し、新しくやって来た大陸のメーカーは、価格を安くしてなお大きな利益をあげた。

主力製品の顧客が、本当に特殊製品を買っているかどうかを調べなければならない。通常は、ごく限られた顧客が特殊製品を買っているにすぎない。肝心の主力量産品の顧客のほとんどは特殊製品など買ってはいない。

非生産的特殊製品は利益流失の原因となる。しかも不相応に資源を使っている。なぜならば、常に改善とモデル変更を行わざるをえないからである。新製品のふりをしなければ市場にとどまれないからである。その結果、この種の製品は苦情も多くアフターサービスも多くなっている。

しかし、そのような特殊製品よりもさらに危険であり、どこにも見られ、排除のきわめて難しいものが次の製品である。

⑽独善的製品

表5の製品BとHがその例である。これは当然成功すべきであったにもかかわらず、まだ成功していない製品である。しかもすでにあまりに多額の投資をしてきたために、マネジメントが現実を直視できなくなっている製品である。

明日には成功すると信じている。しかし、その明日は決して来ない。そして、期待に応えてくれなければくれないほど、さらに資源を注ぎ込むことになる。

アメリカの製品史上最も有名な失敗であるフォードのエドセルは、予想することも防止することもできない種類の失敗だった。しかも失敗が大きくなったのは、フォードが大企業であり、

自動車市場が大市場であるためだった。だがフォードは、エドセルを早い段階で放棄し、その悪影響を引きずることなく急速に回復することができた。

しかし、自動車業界の外部ではあまり知られていないが、ある自動車メーカーが、マネジメントの独善的製品に四分の一世紀近くも固執し、倒産寸前まで行ったという例がある。フォードのエドセルと同じような期待を担っていたこの車は、エドセルのような完全な失敗ではなく失敗に近いという程度のものだった。

二五年間にわたって、あらゆる分析が、その車こそ最も技術的に優れた車であるとしていた。スタイルや価格も、市場において最大のシェアを与えてくれるはずであり、大衆からも愛されるはずであるとしていた。

唯一の問題は、あまり売れないことだけだった。毎年毎年売れなかった。しかし、来年こそついに成功してその価値にふさわしく市場のリーダーになるだろうと予測されていた。

こうしてますます多くの資金が注ぎ込まれた。さらに悪いことには、マネジメント、技術、営業部門の最も優秀な人たちが、この失敗に近いもののために注ぎ込まれ犠牲にされた。何らかの才能を表すと、どのような仕事をしていようが、特に成功している車の仕事をしていればなおのこと、この病気の子供のために配属された。そして半年あるいは一年後には元の平凡な社員に戻ってしまうのだった。

二五年経ってようやく諦めたとき、かつては成功し成長しつつあった強力な企業が、精根尽き果てていた。

この例は独善的製品に共通の傾向を明らかにしている。それは、この製品こそ成功にふさわしく、適正な価格をつけられるにふさわしいというマネジメントの考えである。特に新製品の場合には、最高の品質であるからして成功間違いなしという考えである。

そのような考えはもはや経済ではない。確率論の初歩にも反する。新製品がまあまあの成功を収める確率は二〇％であり、大成功を収める確率は一％にすぎない。

新製品や新サービスのうち、本当に利益のあがる事業に育つものは一％にすぎない。一九％はまあまあの主力製品や特殊製品となるが、目をみはる成功は無理である。そして新製品や新サービスの一％は、エドセルのような目をみはる失敗となる。それらのものは直ちに姿を消す。そして一九％の失敗作も深刻な害を与える前に消えていく。

ということは、新製品や新サービスの六〇％は生き残るほどの成功もしないが、放棄されるほどの失敗もしないということである。したがって、マネジメントの独善的製品となってしまうことのないよう、新製品や新サービスの六〇％に属するものを常に始末していかなければならない。

資源を投入すれば見通しがよくなるという考えほど、大きな幻想はない。ところが「一度で成功しなければ、何度でもやり直せ」という格言ほど、一般化したものもない。

だが、「一度で成功しなければ、一度だけやり直せ。そして次は、ほかのことをせよ」のほうが正しい。なぜならば、成功の確率は、回数を重ねるたびに大きくなるのではなく小さくなるからである。

あらゆる新製品について、期待に応えるべき時限を設定しなければならない。そしてその時限は、大きな前進があった場合にのみ延長することとしなければならない。時限の延長後、期待に応えられなければ再度の延長を行ってはならない。さもなければ、資源と、マネジメントの時間をとられた挙げ句、手にするものは業績のあがらない独善的製品ばかりとなる。

このことを最もよく理解している産業が出版業である。新刊の小説が発行後すぐにヒットしなければ広告や販促をやめてしまう。しばらくそのままにしておき半年後に損失を計上する。いろいろいわれてはいるが、この慣行のために傑作が消えてしまったという例はない。

この独善的製品は、次の類型にも関係してくる。

⑾シンデレラ製品あるいは睡眠製品

これはチャンスを与えればうまくいくかもしれない製品である。業績に見合う支援や資源を十分与えていない製品である。

表5に示されているように、製品Dがこの種の製品かもしれない。表2（五三ページ）の市場でのリーダーシップについてのコメントが、なぜこの製品の機会が生かされていないかを明らかにし

ている。

第一の原因は、利幅と利益の同一視という間違いである。利益とは利幅に回転率を乗じたものである。しかも利幅の算出にあたっては、間接費は売上高に応じてではなく、コストを発生させている作業量によって配分しなければならない。さらにまた、原材料費の占める割合によって意味が変わってくる。

利幅が一〇ドル当たり一ドルの製品であっても、同一期間内に、利幅が一〇ドル当たり二ドルの製品よりも一〇倍売れれば利益は五倍である。これは誰もが知っていることだが、利幅と回転率が併記されて初めて思い出される。

第二の原因は、さらに重要かもしれない。すなわち、例えば製品Dは、マネジメントのお気に入りの製品Bの売上げを横取りしているのかもしれない。その場合には、製品Dの成功はマネジメントにとって脅威となる。

すなわち、シンデレラ製品は、今日の主力製品の市場を荒らし、その衰退を早める製品であることがある。マネジメントといえども人間であって、無視することによって不快な脅威が消えてくれることを望む。そしてその結果、同業他社か、あるいはしばしば他産業の企業が、このシンデレラを見つけて成功し、当該メーカーとその主力製品となるべきだったものをともに置き去りにしてしまう。

一九五〇年代初頭にトランジスタを開発したのは、真空管、特にラジオやテレビ用の真空管によって利益をあげていたアメリカの企業だった。

トランジスタは真空管と同じ機能をもっていた。コストは安く、重さは軽く、体積は小さく、電力も小さくてすむ真空管の代替品だった。それは真空管にとって決定的な脅威だった。しかも代わりの事業は生まないものだった。そのような状況にあって、アメリカの大企業が、トランジスタを時期尚早と考えたのは十分理解できることだった。

しかし日本の企業は失うものをもっていなかった。彼らは、トランジスタの低コスト、軽量、小型、小電力という特性から、携帯用の小型ラジオをつくれることを知った。彼らはアメリカでは時期尚早とされていたトランジスタを使ってアメリカ市場向けの大きな事業を築いた。


もちろん、支援されずにいる新製品のすべてがシンデレラ製品ではない。しかし支援を欠いているにもかかわらず予想以上の業績をあげている製品ならば、シンデレラ製品である可能性がある。そこには、資源的な支援の強化、特に配属すべき人材の質を上げるだけの価値がある。とにかく、この種の製品は予想していたよりも大きな力のあることを示している。

製品の性格の変化をとらえる

製品についてばかりでなく、成果をもたらすほかの領域についても、分類はそれほど難しいことではない。しかしいずれの領域についても、分類だけでは有効な診断には不十分である。

製品の性格の変化、特に衰退に向かっての変化を把握しなければならない。「明日の主力製品から今日の主力製品への変化、さらには、昨日の主力製品への変化をいかに知るか」「開発製品の独善的製品への変化をいかに知るか」が問題である。

これらの変化を知るためには簡単な原則が二つある。

第一に、予期したものと違う結果が出るようになるならば、類型変化の前兆と考えられる。少なくとも、分析が必要である。

第二に、あらゆる製品、市場、最終用途、流通チャネルにはライフサイクルがある。成長のために要する追加コストを分析すれば、ライフサイクルのどの段階にあり、どれだけの余命があるかが明らかになる。

特に第一の原則からして、新製品に対する期待については常に事前にそれを書き留めておくことが必要である。

人間の記憶には驚くほどの融通性がある。今日やっと営業費を賄っているにすぎない製品が、三年前には産業に革命をもたらすと期待されていたことを記憶している者は少ない。「製品ラインへのちょっとした付け足しとしてスタートした製品だが、それにしてはなかなかよくやっている」などと錯覚している。

期待を事前に書き留めておくことによってのみ、あとで検討するうえで必要な信頼できる記録を用意することができる。

期待と業績を比較することによって、特に二つの大きな問題、独善的製品という退化病の進行と、シンデレラ製品という機会の喪失を発見することができる。

また、期待に照らして業績を評価することによって、非生産的特殊製品を発見することができる。なぜならば、非生産的特殊製品も、そもそものスタート時には、高い利益、主力製品への成長、大市場の創造、あるいは少なくとも主力製品の大口顧客を確保する補助製品の役割を期待されていたに違いないからである。

増分分析を行う

製品にはライフサイクルがあり、そのゆえに増分分析なる分析が可能となる。製品の寿命は千差万別であっていかなる一般化も不可能である。一方において、寿命が数か月、あるいは一年という製品がある。他方において、アスピリンのように、急激な変化とイノベーションにさらされている産業にあって、ほとんど変化がなく、陳腐化もせず、飽きられもしない製品がある。

しかし永久に続く製品はない。ライフサイクルの型はすべての製品が同じである。幼児期では、大量の資源を必要としつつ見返りはまったくない。もちろんこれは製品化以前の段階である。開発の段階である。

そして青年期では投入した資金、技術開発、資源は、数倍の見返りを受ける。成熟期では今日の主力製品となる。しかし資源の追加投入に対する見返りは急速に減少を始める。やがて、成長のためのコストが、得られる利益の増分と同額となり、あるいは超過するようになって、昨日の主力製品となる。

特に、マネジメントの独善的製品の場合は、幼児期から、コストが見返りよりも多いという老年期へと直行する。

技術者にはよく知られた簡単な数学の定理がある。ある時点に達すると、投入に対する産出の増分は、急激に減り始める。そこに達するまでは、投入の単位増分に対する産出の増分は、一〇、九、八、七というように等差級数的に減少する。しかしそこから先は、産出の増分は、二分の一、四分の一、八分の一というように等比級数的に減少する。

投入の増分一単位からは、直前の増分による産出増の半分以下の産出増しか得られなくなる。そこまで達すると投入の増分は生産的ではなくなる。見返りは急速に減少する。したがって、そこまで達したら投入を増やしてはならない。

しかし本当は、投入の増分から得る産出の増分が減少を始めた時点において、直ちに投入の増加をやめるべきである。製品のライフサイクルでは、その時点が今日の主力製品になったところである。そこが最適点である。それは、燃料一単位から最大の性能、資源一単位から最大の成果を得るという、自動車の最適スピードや航空機の最適スピードに相当する。

成果の増分に要する追加コストという考えは、個々の製品やサービス、市場や顧客についていえるだけではない。増分に要するコストの急増は、企業全体や産業全体にとっても最初の最も重大な危険信号である。

例えば、アメリカの雑誌が苦難に直面するという兆候は、すでに一九五〇年代初頭、新規予約購読者を一人獲得するためのコストの急増によって示されていた。発行部数を増やすためには、突然、予約購読料よりも多額のコストをかけなければならなくなった。一方で当時、それらの雑誌は増益を続け事業として順調と見られていた。

しかしそのときすでに、その数年後にはそれらの雑誌の多くが苦境に立つことは予見できたはずだった。そして事実、部数増のためのコストの上昇を逆転できないために、大雑誌は急速に苦境に陥っていった。

増分分析は、特に広告費、営業費、販促費の分析に適している。広告費一〇〇万ドルの追加がどれだけの売上げを増やすか。もちろん広告費以上の利益をもたらさない広告は不経済である。利益増と同じでは不十分である。利益はより増加しなければならない。

しかし、実はこのことは、広告の世界ではよく知られている言葉、「広告には、素晴らしい広告か、駄目な広告しかない」の言い換えにすぎない。

——今日アメリカでは、最も人気のある広告媒体、すなわちテレビのコマーシャルについて深刻な疑問が生じている。一〇年来、テレビはスポンサーに多くの金を使わせただけだった。数字が示すかぎり、テレビのコマーシャルによって追加的な成果は得られていない。

産出増のためのコスト増という考え方についてこれ以上述べることは本章の範囲を超える。しかし、これは広い範囲のマネジメント上の課題に応用できるものである。この考え方は、今日われわれが手にする最も重要な分析手法の一つである。

今日ようやく会計学がこのことを認識するようになり、増分分析に必要な数字を提示できるように再構築されつつあるところである。われわれは、そこからマネジメントの能力の大幅な向上を期待できる。増分分析によって、企業についての暫定的な診断は、昨日の評価から、明日の予測と予防のための手段へと変わる。

第5章❖コストセンターとコスト構造

コスト管理の五つの原則

コスト、およびその定義、測定、管理は、企業活動に関わる問題のうち、研究のしすぎとまではいかなくとも最も徹底的に研究されてきた分野である。この分野では、企業に関係する者のうち、最も多くの、最も多忙な、最も多様な手法をもつ人たち、すなわち会計士、エンジニア、システムアナリスト、OR専門家が汗を流してきた。

アメリカやイギリスの経済学者のうち、企業理論の専門家たちも、主としてコストとその性格や管理について研究してきた。ドイツの経営経済学者たちも同じことをしてきた。膨大な作業がコスト管理の研究に費やされ、膨大な時間がコスト分析の研究に費やされた。

コストに関しては、手法、技法、文献は豊富である。その結果、ほとんどの企業において、春の鼻風邪と同じように、毎年コスト削減キャンペーンが行われている。そのうっとうしさも同じである。しかし、半年もすればコストは元どおりとなる。そして再び次のコスト削減キャンペーンの準備が始まる。

唯一の例外は、倒産寸前の企業を引き受けた新しいマネジメントによるコスト削減の奇跡である。かつては、優れたマネジメントのもとで、独占的とはいえないまでもリーダー的な地位にあった企業が、弱体な後継のマネジメントのもとに倒産寸前に陥る。

そこであとを引き受けたマネジメントが、製品らしい製品や利益を生んでこなかった老朽工場を閉鎖するなどごく当たり前のことを行うことによって、コストの三分の一あるいは二分の一を削減する。

しかし、そのようなコスト削減の奇跡といえども、つまるところは新しいマネジメントが再建に取り組むための若干の時間を与えてくれるにすぎない。

コスト管理の最も効果的な方法は、業績をあげるものに資源を集中することである。コストといえども独立しては存在しえない。少なくとも意図としては業績をあげるために発生している。

したがって問題はコストの絶対額ではない。対業績比である。いかにコストが安く効率的であっても、業績をあげないならばコストでさえない。浪費にすぎない。そしていつになっても業績をあげないならば、それは初めから正当化されざる浪費だったにすぎない。

機会の最大限の開拓こそ、コスト当たりの業績比を上げコスト管理と低コストを実現する王道である。機会の最大限の開拓が中心でなければならない。ほかのあらゆる種類のコスト管理が、中心的ではなく付加的な課題にすぎない。

とはいえ、機会と業績に向けて仕事と資源を組織化している企業においても、コスト分析とコスト管理は必要である。

いかなる労力も無駄にすることなくマネジメントをすることはできない。摩擦によるロスなしに機械を運転できないのと同じである。しかし、摩擦を少なくできるのと同じように、企業活動とそのコストも改善することはできる。

コスト管理の効果をあげるには、いくつかの原則がある。

第一に、コスト管理は、最大のコストに集中しなければならない。五万ドルのコストの一割削減に要する労力は、五〇〇万ドルのコストの一割削減に要する労力とほとんど同じである。換言するならば、コストもまた社会的な現象であって、その九〇%は一〇%の活動から発生する。

第二に、コストはその種類によって管理しなければならない。製品と同じように、コストも多様である。

第三に、コスト削減の最も効果的な方法は、活動そのものをやめることである。コストの一部削減が効果的であることは稀である。そもそも行うべきでない活動のコスト削減は、意味がない。

ところが実際には、コスト削減キャンペーンのほとんどが、いかなる活動いかなる部門も廃止しないというマネジメントの宣言から始まる。これはキャンペーンの事前の無効宣言に等しい。その結果、重要な活動は損なわれ、重要でない活動は数か月後には元のコスト水準に戻る。

第四に、企業の現実を理解するには、成果をもたらす領域すべてを視野に入れなければならないのと同じように、コスト管理の成果をあげるには、事業の全体を視野に入れなければならない。さもなければコストの他への押しつけに終わる。コスト削減の大成功の数か月後には、事業全体のコストはさして変わっていないことが明らかとなる。

例えば、生産部門でのコスト削減キャンペーンは、輸送部門や倉庫部門へのコストの押しつけによって行われる。あるいは、在庫管理部門のコスト削減は、資材供給の不安定を招き生産部門に余分のコストを発生させる。

原材料のコスト削減は、加工のための時間、速度、コストに悪影響を与える。これらの例はほとんど際限がない。

第五に、コストとは経済の概念である。分析の対象たるコスト構造は、経済的価値を生むための全経済活動である。

コストとは、製品やサービスを購入しその効用を得るために、最終消費者が支払うものである。しかしコストは、ほとんどの場合、経済的ではなく、法的に、すなわち個別企業という特定の法的存在の内部において発生するものとしてのみ定義されている。その結果コストの大半が見えなくなっている。

だが、製品やサービスのコストの三分の二は、企業の外部で発生している。メーカーの手元において発生するコストは、消費者が支払うコストのうちせいぜい四分の一である。残りは、原材料費、設備費、流通費である。

しかも、流通費の場合は、卸売業や小売業という法的に独立した別の企業で発生している。さらに、デパートなどの小売業者にしても、商品全体のコストのうち自らはわずかな部分を発生させているにすぎない。そのコストの主たる部分は、商品の仕入れコストである。

しかし、消費者にとって重要なのは、全体のコストである。コストが、原材料から最終製品にいたる一連の経済連鎖のどこで発生しているかはまったく関心のないことである。消費者にとっての関心は、得るものに対する支払いの総額である。

したがって、そのような経済連鎖を構成する法的存在のいずれか一つの内部で発生するコストに限定したコスト管理では、コストは管理しきれない。少なくともコスト全体の把握と理解が必要である。

実のところ、コストの定義は、消費者の購買行動さえ超えたものでなければならない。誰も、単に物を買っているのではない。満足と効用を買っている。したがって経済上のコストは、消費者が購入したものから満足と効用を引き出すために必要とする管理、修理、利用に関わるすべてのコストを含む。

しかし、購入後の管理費が安くすむならば高い価格でも買うというわけではない。購入価格こそが価格であって、あとの管理費のことは考えないという客もいる。

例えば、アメリカとイギリスの地方自治体は、公債による借り入れについては厳しい制限が課されているが、予算の編成については大きな権限を与えられている。そこで、公債で賄うべき購入価格が安ければ、あとで払う管理費が高くとも税収で賄えばよいため購入できる。法が経済的に不合理な行動を強制している場合には、経済の論理といえども無視される。

コスト分析は、企業を外部から見るマーケティング分析によるチェックがなければ、信頼できる意味あるものとはならない。コスト分析だけでは部分的な分析でしかない。事実最も成功している企業の中には、外部コストの管理を成功の鍵にしているところがある。

そのよい例として、流通において成功を収めているイギリスのマークス・アンド・スペンサーと、アメリカのシアーズ・ローバックがある。

いずれも、その成功は、優れたメーカーを見つけ、それらメーカーのために製品と生産工程を開発し、かつ製品のコストを指定したことにある。いずれもその法的な枠組みの範囲を超え、コスト、製品、工程について積極的な責任を負っている。

同じように、GMの成功の大きな部分は、独立系ディーラーのコストに働きかけを行ったことによる。IBMの成功の大きな部分も、コンピュータを生産的に使えるよう顧客の事務の合理化に取り組んだことによる。

したがって、コスト管理のためには次のようなコスト分析が必要である。

- 大きなコストが発生しており、効果的なコスト削減が大きな成果をあげるコストセンターを見つける。
- 主たるコストセンターにおける重要なコストポイントを見つける。
- 事業全体をコストの流れとして見る。
- コストを法律上あるいは税制上の主体別に発生するものではなく、顧客が支払うものとして定義する。
- コストを基本的な特性によって分類し分析する。

コストセンターを見つける

どこにコストセンターがあるか。コスト管理の価値のあるところはどこか。わずかなコスト上の改善が総コストの大きな削減をもたらすのはどこか。逆に、大きな改善が総コストにとってあまり意味がないのは、どこか。ユニバーサル・プロダクツ社の例で見てみよう。

コストセンター別の分析の例は、**表6**のとおりである。もちろんこれは粗い数字である。しかしこれは、さらに分析すべきものを明らかにするためのものである。

表6｜ユニバーサル・プロダクツ社のコスト構造

	消費者の総支出		100%
1	輸送費		
	(1)原材料・部品の輸送、工場内移動	6%	17%
	(2)製品の包装、搬出、輸送	6%	
	(3)卸・小売企業による輸送	5%	
2	営業費および販促費(メーカー、卸・小売企業)		8%
3	資金費(メーカー)——運転資本、利子、減価償却、設備保守含む		13%
4	資金費(卸・小売企業)		6%
5	生産費		9%
6	原材料費		25%
7	マネジメント費および事務費(メーカー、卸・小売企業)		10%
8	明日への投資——研究開発、市場開発、マネジメント育成費等		2%
9	法人税控除前利益(メーカー、卸・小売企業。ただし原材料仕入先の利益は不明)		10%

＊実際の分析では、上のそれぞれの数字が幅のある数字となる。例えば、輸送雛17%ではなく、13〜19%などと示される。

財務分析の専門家からは、資金費は表6が示すよりもはるかに大きいと指摘されるかもしれない。確かに利益として計上されるもののほとんどは企業の存続に必要な資金である。そのような考えはもっともである。その場合には資金費が最大のコストセンターとなる。

事業において、資金費は常に大きなコストセンターである。しかもそれは削減が最も容易に行われ、最も大きな成果を得られるコストセンターである。

例えば、資金の回転率を上げるほうが利益率を上げるより容易である。しかし、アメリカの企業が資金の管理を重視するようになったのはごく最近のことである。実のところ資金の管理という仕事が、トップマネジメントの誰かが責任をもち、その下で誰かが専門的に働くべき重要なマネジメントの機能として受け入れられたのは、ごく最近にすぎない。

しかもアメリカでは、資金という最も高価な原材料を最も有効に動かすための最も適切な財務構造というものについて、まだ誰も十分には検討していない。その証拠にアメリカの企業は、金利的に見て、銀行からの短期借り入れに頼るべきときに自己資本を使っている。


トマト、豆、とうもろこしなどの缶詰を生産しているアメリカのある大手食品メーカーでは、数年前まですべての資金需要を自己資本で賄っていた。

例えば、旬の時期に缶詰にして在庫にしておくために必要な資金は、低金利による借り入れで賄えたにもかかわらず、自己資本を使って数か月も寝かせていた。

そのためこの企業は、成長すればするほど収益性を悪化させ、ついには倒産寸前までいってしまった。


同じように、季節的な二、三か月の在庫のために、長期手形を使い、一年中利息を払っている企業も多い。ほとんど生産性のない、所有する必然性のない不動産に、担保付き借り入れや保険会社からの借り入れではなく自己資本を投じたため、不動産貧乏になっている企業もよくある。教条的な財務方針では誤りやすい。借金は一切しないという方針も、借りられるだけ借りるという方針も、同じように間違いである。

正しい資金管理とは、経済の論理に従って適宜適切に資金を手当てすることである。間違った財務構造ほど高くつくものはない。しかも間違った財務構造ほど、コストへの伝統的な取り組みやコスト削減キャンペーンの手が及ばないものはない。

輸送費もまた、大きなコストセンターでありながら常に無視される。コストが複数の企業の間に分散されているためである。輸送費の多くは複数の企業の間で発生しているために、いずれの企業も注意を払おうとしない。また、同一企業内の輸送費でさえ、ひとまとまりのコストではなく分散したコストとして隠される傾向がある。輸送や保管は独立した活動ではない。そのためいろいろな項目に分けられ、雑費として処理される。

例えば、工場には、機械から製品が出てくる段階と、その製品を顧客へ出荷する段階の間で発生するコストがある。切断、ラベル貼り、包装、保管、移動等である。それらの活動は管理費として処理され誰も責任を負っていない。

また、工場外での在庫のコストは、運転資金、すなわち資金費として処理されている。

輸送費に対するコスト削減やコスト管理は、生産費に対するものよりも早く効果をあげる。単にこれまであまりにもわずかな努力しか払われてこなかったためである。

倉庫の搬出入は大きなコストポイントである。産業によっては消費者にとってのコストの八%以上にのぼる。機械化された倉庫は別として、労務費がコストを上昇させているからで

ある。工場ではＩＥ（インダストリアル・エンジニアリング）を進めておきながら、倉庫では、必要額の倍もの労務費を支出していることがある。

それらの倉庫では、貨車やトラックへの積み降ろしなど、一度に一人しか働けない状況下で、三、四人のチームが仕事をしている。貨車には一人しか入れないため、ほかの人間は外で待っている。そのようにして時間の四〇％から六〇％が待ち時間として浪費されている。そのような浪費は、もし工場内で起こっていたならば、はるか昔に発見され改善されていたはずのものである。

原材料費もまた、ほとんど常に大きなコストセンターである。原材料は、効率的な大店舗小売業者が商品を探し、選び、仕入れるときの考え方と方法で扱わなければならない。よいものを安く購入するだけでは不十分である。原材料のコストはあまりに大きい。したがってその選択は製品設計の一部としてとらえなければならない。

メーカーは、自らが原材料や部品の流通チャネルでもある。原材料や部品は製品に適合させなければならない。あるいは製品を原材料や部品に適合するよう設計しなければならない。

生産と流通のプロセスの全体の中で、最もコストの安い原材料から最高の製品を得るべく、原材料と製品を結びつけなければならない。

購買に代わって資材管理という言葉が使われるようになった背景がここにある。しかも資材管理のためにはすでに多くの手法が開発されている。

例えば、製品の各部分について「この部分が機能するための最も安い方法は何か」を追求するVE（価値工学）が、その一例である。特に自動車メーカーのように大量の部品を購入している企業では資材管理が進んでおり、すでに設計と購買を統合してしまっている。

しかし、いまだにほとんどのメーカーが、大店舗小売業者が数十年前から理解していることを理解していない。いかにうまく売っても、下手な買い方を補うことはできないことを知らないでいる。

これらのコストとは対照的に、物質そのものの構成、形状、配置、外観を変えるためのコスト、すなわち生産費は、コストセンターとしてはさして大きくない。

生産費は、コスト管理の体系的な努力が昔から継続的に行われてきた唯一といってよい領域である。しかしほとんどの産業において、すでに純粋の生産費は総コストのごくわずかな部分となっている。これ以上の大幅なコスト削減には本格的な技術革新が必要なほどである。

今後そのような技術革新は、オートメーション化のような生産工程全体の革新、すなわち仕事そのものの方法、仕事やものの移動、生産工程における情報と管理についての高度の機械化によって実現される。

しかし逆に、そのような技術革新は、生産工程の分散化によって実現される場合もある。アルミ圧延や製紙のような装置産業では、技術革新は製造と仕上げのプロセスを分離することによって実現された。

例えばアルミ圧延工場では、圧延と裁断、着色、成型を切り離した。同じように製紙工場では、製紙と、コーティングや裁断などの仕上げの工程を切り離すことによって技術革新を行った。いずれの場合においても、在庫が完成品から半製品に変わるとともに在庫の大幅減が実現した。しかも顧客の注文に応じやすくなった。

さらには、最も大きな革新が、新設同様の工場を閉鎖してしまうことである場合さえある。規模、立地が間違っていたかもしれない。あるいは、そもそも新工場が不要だったのかもしれない。

生産費の最も大きな削減は、伝統ではなく経済論理に従い、生産工程を再組織することによっても実現される。製紙工場は、パルプの最適利用を中心に設計されている。しかしパルプは、基礎的な原料の一つにすぎない。熱にも高いコストがかかる。紙を白くしたり、不透明にしたり、印刷しやすくするための化学品にも高いコストがかかる。

もちろん、製紙のプロセスを、パルプを安くかつ速く紙に変換するプロセスとしてではなく、熱と化学品を効率的に利用するプロセスとして組織した場合には、製紙の経済学を大幅に変えなければならないことになる。生産工程を、原材料間のバランスにおいて再組織するということの考え方は、ほかの産業の生産工程にも適用することができる。

これらの革新抜きでは、いかなる企業、いかによく管理された工場でも、生産費削減の努力から得るところはあまりない。それにもかかわらず、実際には訓練された技術者たちが日常的に生産費の削減に動員されている。そしてあまりに多くのマネジメントが、単に生産費の日々の変動を分析することによってコスト管理を行っているつもりになっている。

コストポイントを特定する

コストポイントとは、コストセンターの中でも、特にコストの大半を発生させている活動である。ここでも、コストの大半を発生させているものはいくつかの数少ない活動である。当然のことながら、重要なコストポイントとは既述の分析においてコスト計算の基礎とした作業量（第3章参照）の大きな部分を発生させている活動のことである。

コストセンターおよびコストポイントの例は、**表7**のとおりである。例えば表7の分析結果のうち、予想されていたとおりのものは、次の四つであろう。

(4)包装および荷造り　三％（最終価格に占める割合。以下同）
(7)完成品在庫　三％
(11)材料Ａ　五％
(12)材料Ｂ　五％

しかし、その他のコストポイントは予想もできなかったものであって、特に次の六つは予想した

表7 ユニバーサル・プロダクツ社のコストセンターとコストポイント

コストセンター	コストポイント	コストセンター内での割合	最終価格に占める割合
1 輸送費	(1)工場内、工場間の輸送	5%	2.5%
	(2)工場と工場外との輸送	26	4
	(3)倉庫内、搬出入の荷扱い	24	4
	(4)包装および荷造り	20	3
2 営業費(メーカー、卸・小売企業)	(5)営業活動	62	5
	(6)販売促進活動	25	2
3 資金費	(7)完成品在庫(倉庫内)	23	3
	(8)売掛金	20	2.5
	(9)金利	9	1
4 資金費(卸・小売企業)	(10)在庫	25	1.5
5 材料費	(11)材料A	20	5
	(12)材料B	20	5
	(13)包装資材	20	5
6 管理費	(14)受注事務	33	3
	(15)信用調査および代金請求	20	2
計			48.5*

＊数百種に及ぶ活動のうちわずか15種類の活動で、最終消費者の支出の約50%を占める。

ものよりもはるかに大きかったはずのものである。

(3)倉庫内、搬出入の荷扱い　四%
(8)売掛金　二・五%
(10)在庫　一・五%
(13)包装資材　五%
(14)受注事務　三%
(15)信用調査および代金請求　二%

他方、(6)販売促進活動はもっとかかっているものと思われていた。卸売業者や小売業者も販促活動を行ってくれているものと考えていたためである。

そして(8)売掛金については、もちろん数字は把握していたものの、分析の結果、卸売業者と小売業者の在庫状況からして、自社製品の流通の資金繰りをしていただけでなく、無利子でそれら流通業者の資金繰りの面倒まで見ていたのではないかとの疑念が強まった。

また、⒁受注事務と、⒂信用調査および代金請求のコストの大きさは、ユニバーサル・プロダクツ社の流通システムそのものに基本的な間違いがあることを示していた。

さらに、⒀包装資材は、大きなショックだったはずである。それはまったく無視していたコストだった。あらゆる原材料を購買部門が購入していたにもかかわらず、包装資材だけはマーケティング部門の包装デザイナーに任せていた。しかも包装デザイナーたちは包装資材のコストに無関心だっただけでなく、輸送、積み込み、保管のコストと包装の関係についても無関心だった。

したがってユニバーサル・プロダクツ社では、これらの分析結果からいくつかの重要な分野で直ちに行動をとることにした。

まず、輸送の分析を行い、輸送費を三分の一削減した。特に、工場間の輸送をほとんどなくした。

最終価格のほぼ一〇％を占めていた倉庫や在庫関係のコストも大幅に削減した。調べてみたところ、古くなった小さな倉庫をたくさんもつよりも近代的な大きな倉庫をいくつかもつほうが、安いコストで速くサービスできることが明らかになった。

また、流通業者の在庫は、新しい倉庫において二四時間体制をとることになったため、ほとんど必要がなくなった。売掛金は、受注事務、信用調査および請求事務とともに大幅に減らした。同時に営業活動の効率も大幅に向上させた。

すでに、成果をもたらす領域についての分析の結果、一万社に及ぶ流通業者のうち上位二〇

○○社が売上げの八割を占め、残りの八〇〇〇社がコストの八割を占めていることが明らかになっていた。したがって効率的なコスト管理のためには、まず初めに年間の売上げが三〇〇〇ドル未満の小売業者、すなわち総売上高の五、六％を占めるにすぎない三〇〇〇社について何らかの対策をとる必要があった。

輸送、在庫、売掛金、管理について分析したところ、三〇〇〇社の小売業者によって、それらのコストポイントの総コストの実に四割が占められていることが明らかになった。売掛金の大部分がそれらの小売業者によって占められており、事実上ユニバーサル・プロダクツ社が小売業者の運転資金の融資を行っている結果になっていた。

また、注文が小口なために輸送や受注事務にも大きなコストがかかっていた。そしてもちろん、信用調査や請求事務のためのコストも発生していた。そこで、ユニバーサル・プロダクツ社では、それらの小売業者とは現金決済にすることとした。営業部員による訪問もやめ、ダイレクトメールによる商品案内のみとした。受注も、数量に最低基準を設け注文書による発注のみを受けることにした。輸送のコストも発注者負担とした。

これらの新しい措置の結果、三年後には、総コストの九％、実に生産コストに匹敵するコストの削減を実現した。売掛金はほとんどなくなり信用調査や受注事務のコストもほとんどなくなった。しかもそれらの小売業者に対する売上げは三分の一、すなわち総売上げの二％分減少しただけだった。それどころか総売上高は上昇した。

営業部員は、非生産的な得意先を訪問しなくてもすむようになり、時間の三分の一を節約できるようになった。その分、売上げの機会のあるところすなわち大口の小売業者への訪問に集中できるようになった。

コストを全体の流れの中で理解する

しかし、コストポイントのそれぞれを独立した問題として扱うことは適切ではない。コストポイントの分析からも、コストは一つの体系であるということが明らかになるはずである。結果はともかくとして、活動やコストは容易にほかのコストポイントに押しつけられることが明らかになるからである。

ユニバーサル・プロダクツ社の場合においても、在庫を多くすることによって総コストを抑えることはできるはずである。そしてその結果、工場では年間を通じて平均した生産を行えるようになる。生産量の変動に起因するコスト、さらには需要のピークに応じるためのコストも削減し、生産の効率を上げることができるようになる。

しかし、在庫を増やすことが生産量の変動に伴うコスト増以上のコストを招き、かえって新しい浪費を意味することもありえた。

在庫のコスト増は、生産のコスト減によって補うことができるか、そしてそれはどの程度補うことができるかは、製品とコストの流れ全体を一つのシステムとして分析することによってのみ明らかにできる。もちろんそれはORやシステム工学によって簡単に分析できる。

販売促進のためには、在庫を多くして、引き渡しを迅速にし、信用条件や支払条件の緩和を図ることが有効な場合がある。しかしユニバーサル・プロダクツ社の場合、分析の結果、小口の小売業者についてはこの戦略が有効でないことが明らかになった。コストに見合う受注が期待できなかったからである。

では、大口の小売業者についてはどうか。販売促進上、最小のコストで最大の成果をあげるには、大口の小売業者に対するサービスや融資は充実させなければならない。

消費者自身が選択する商品については、消費者に対する直接の販促活動が、決定的ではないかもしれないが明らかに重要な意味をもつ。

しかし、ポータブルのタイプライターを買う大学の新入生は、専門家つまり小売業者や営業担当者の助言を頼りにする。聞いたことのあるブランドでさえあれば助言に従う。したがって、この種の製品の場合には、小売業者への卸値を下げる、資金繰りを助けるなどの小売業者向けの販促活動が効果的かつ安上がりとなる。例えば、あまり広告されていないあるドイツ製タイプライターが、ここ数年アメリカの市場で成功している原因がこれである。

あらゆるコストポイントをコストの流れの一部として理解しなければならない。いかなるコストポイントに対する対策についても、「ほかのコストにいかなる影響を与えるか」を問わなければならない。

それ自身が、低コストあるいは効率的であるという生産方法は存在しない。存在するのは、顧客にとって最も安い製品やサービスをもたらす生産方法である。したがって、常にコスト間の関係に対する理解が必要である。ほかのコストや効率を犠牲にするコスト管理やコスト削減のような部分最適化の手法は避けなければならない。あるコストの増加には目をつぶり、総コストの大幅減を図るというトレードオフこそ望ましい。

コストポイントを分類する

コストポイントは、四つに分類される。

(1)生産的コスト

これは、顧客が必要とし喜んで代価を支払ってくれる価値を提供するための活動のコストである。生産や販促のコストがこれに属する。知識や資金のコストもこれに属する。営業のコストもこれに属する。包装によって差別化を行えるのならば包装のコストもこれに属する。

(2)補助的コスト

経済価値は生み出さないが、経済活動の一環として不可避なコストである。例えば輸送のコストである。管理費のうち受注事務、製品検査、人事、経理のコストがこの種のコストに属する。それらの活動は理想上の企業では無視できるはずのものである。しかし、現実の機械が摩擦によってエネルギーを消耗するように、現実の企業はこれらの活動を必要とする。

(3)監視的コスト

何かをもたらすためではなく、何か悪いことが起こらないようにするための活動のコストである。あらゆる企業が、製品が売れなくなったり技術が競争力をもたなくなったりしたことを早く知るための警報を必要とする。仕入れ先や流通業者の状況を知るための活動のコストもこの種のコストに属する。

(4)浪費的コスト

いかなる成果も生むことのない活動のためのコストである。実はこのうち、最も高くつくものは、無為のコストである。例えば、待ちの状態にある機械である。修理班が到着するまで全員が待っている、あるいは新しい設備が動きだすまで全員が待っている。アルミ合金を溶解した炉が冷やされ、次の準備ができるまで全員が待っている。

アメリカ東部の石油精製所からアラビア湾に戻る空のタンカーや、ロッテルダムからエクアドルに戻るバナナ専用船も、この種のコストに属する。格納庫にしまわれているジェット機、あるいはわずか一五人の客を乗せた一五〇人乗りのジェット機が無為の浪費的コストである。

あるいは海上輸送することによってのみ収入を得られるにもかかわらず、港で積み込みや荷降ろしに五日もかけている貨物船が無為の浪費的コストである。

これらコストの分類は経済に関わる分類である。とはいえ科学的な厳密性には欠けている。しかし、コストポイントを成果との関連において性格づけするこの分類はきわめて重要である。なぜならば、それぞれ種類の違うコストポイントに対しては、違うコスト分析が必要でありコスト管理が必要だからである。

(1)生産的コスト

生産的コストの分析において問うべきは、「何が最も大きな成果をあげるか、いかにして最小の活動とコストで最大の成果をあげるか」である。したがって、生産的コストに対しては前章の増分分析の考え方を適用することが有効である。というのは、生産的コストはその成果が急減する時点まで追加していくべきだからである。

ということは、生産的コストはコストとして管理してはならないことを意味する。生産的コストは機会に資源を集中することによって管理しなければならない。必要なのは、コスト管理ではなく成果管理である。

したがって、生産的コストは、常に資源の生産性によって評価しなければならない。人、時間、資金という三つの主要資源によって得られる成果によって評価しなければならない。

すでに述べた成果をもたらす領域についての分析や、資源配分についての分析に加えて、コスト管理が明らかにするものは生産性の評価である。すなわち、肉体労働者の生産性に関しては給与一ドル当たりの産出高と利益、時間の生産性に関しては労働時間および設備の稼働時間当たりの産出高と利益、資金の生産性に関しては全投入資金一ドル当たりの産出高と利益である。したがって、機会に資源を集中することこそ、生産的コストの管理のための唯一の効果的な方法である。

(2)補助的コスト

補助的コストについては、まず、それらが必要かどうかを明らかにしなければならない。したがって、「この仕事をやめたならば、どれだけの損失を受けるか」を問わなければならない。もし答えが、「最小限に切り詰めた場合の補助的コスト以下」であるならば、時折の損失を覚悟してそのような活動はやめてしまうべきである。

一ドルを得るために九九セントを超えるコストをかけてはならない。特に一ドルの利益が可能性にすぎない場合には、たとえその可能性が大きくとも、九九セントのコストはあまりに大きすぎる。

補助的コストの管理の悪い例は、ユニバーサル・プロダクツ社の流通費に見ることができる。同社は、小売業者の下位三〇〇〇社に対しては前金による注文制をとることによってコストを大幅に削減した。しかし、それでもなお可能な利益よりも多くのコストがかかっている。

小口の小売業者は前金による注文制でも間尺に合わない。そのような顧客の維持に必要なコストは、利益を上回っている。それらの小売業者はすべて切り捨てても、さして売上げは減らない。しかも、大口の小売業者からの注文増によって、当初の若干の売上げ減も急速に補われるに違いない。

もしどうしても補助的コストを切り捨てられなければ、「最小限必要な活動とコストはどの程度か」を問わなければならない。しかし補助的なコストに関するこの最小限原則は、常に企業活動の再設計を必然のものとする。

製造業や流通業では、物流が最大の補助的コストである。しかも金融やサービスなど、移動すべき物体がない産業でも、書類、保険証券、小切手、手形などの取り扱い、移動、保管、郵送は大きなコストセンターである。

しかし、それらの物の取り扱いや移動のコストについて若干なりと気にしている企業さえ、きわめて数少ない。企業の多くは、否応なく直ちに支出しなければならない種類のコストであるにもかかわらず、輸送費の本当の額を知らない。

輸送費の管理には物の流れ全体を物的および経済的なシステムとしてとらえることが必要である。すなわち、経済的に最小のコストをもってして物理的に最大の量を処理しなければならない。

製品が機械から出てきた瞬間から、包装、出入庫、保管、出荷、輸送を一つのシステムとしてとらえ分析しなければならない。そして最も小さなコストをもって輸送し、自らを含め、流通業者、顧客という全関係者に最大の経済的価値をもたらさなければならない。

もちろん簡単にできることではない。しかし、そのための方法特にマネジメント上の手法はある。われわれはそれらの手法によって大きな成果をあげることができる。

(3)監視的コスト

監視的コストの最善の管理は活動そのものをやめることがある。したがって「やめるとコスト以上の損失を受けるか」を問わなければならない。

答えが「ノー」ならば監視の活動そのものをやめるべきである。やめるわけにいかないならば前述の最小限の原則を適用しなければならない。そして例えば、全量管理ではなく、統計的に有効なサンプル管理によって事故の監視と防止を図るべきである。

在庫管理や品質管理はすでにそのようにして行われている。まず許容範囲を設定する。例えば、「業績への影響という観点から、製品に対する許容できない人気の低下度、納期や生産日程についての許容できない遅れの限界はどこか」を問わなければならない。しかるのちに、サンプル管理によってコスト管理を行うことになる。こうして活動とコストの大幅な削減が可能となる。

監視的コストの削減において、サンプル管理の中でも最も効率的な手法がある。それは、監視しなければならない活動であって、かつそれがほかの監視しなければならない活動のコスト管理につながるような活動を見つけることである。

ある大手海運会社では、輸送業務、荷役業務、乗客待遇の品質管理のための手段として苦情処理を使っている。苦情は、積荷については、その損傷、引き渡しの遅延、誤配から出てくる。乗客については、傷害、所持品の損害から出てくる。

もちろん、苦情を最小限のコストで解決することだけが目的ならば、苦情の処理後は、簡単な統計をとっておくだけでよい。苦情の九五％はその後の詳しい調査など不要である。

しかし、この海運会社では、苦情についてすべて詳しく調査することによって、あらゆる業務の品質管理のための手段としている。貨物や乗客の扱いに間違いがあれば、かなり早く苦情として出てくるはずだからである。事実すでにこの考えの正しさは証明されている。

苦情をすべて調査することによって、ほかのあらゆる業務上の間違いを管理できることになる。しかも、苦情をすべて調査しても、ほかのあらゆる業務について統計的に品質管理した場合に必要となるサンプル数よりも、調査件数は少なくてすむ。

この例は、監視的コストの管理方法について、徹底的かつ不断の検討が必要であることを教えてくれる。通常のコスト管理の方法では適切でない。通常の方法では監視的コストの増大は抑えられない。そもそも、コスト削減キャンペーンそのものが、より多くを監視しより多くを防止しようとして監視的コストを増大させてしまう。

⑷浪費的コスト

浪費的コストについては、ほとんど分析の必要はない。通常、何も成果を生まないコストは明らかである。もちろんそれらのコストについて何ができるかは別の問題である。しかし発見の難しい浪費的コストがある。特に無為のコストは数字に出てこない。

もちろん、空荷のタンカーや乗客のいないジェット機のように、明らかに無為の状態にあるものは別である。しかし海運会社は、長い間、自分たちの主たるコストが輸送中のコストではなく港でのコストであることに気づかなかった。港でのコストは間接費として扱っていた。そのため、船の設計や管理では安いコストで速く運航することに重点を置いていた。しかし、すでに安くなっている運航コストをさらに引き下げることは、港でのコストをさらに高くすることにつながっていた。荷役にさらに時間がかかるようになっていた。

浪費的コストは巨額である。つまるところ人間はあまり効率的ではない。だが、浪費的コストの発見には特別の努力が必要である。

実は、無為のコストの大きさは経理の数字からわかる。間接費が生産的コストの三分の一を超える場合である。そのような場合には隠された浪費的コストがあると見てよい。また、経理上の間接費と、既述の作業量による配分コストの数字が大きく異なる場合である。

しかし、浪費的コストを発見するための最良の方法は、それを意識的に探すことである。特に、「何もせず、いかなる成果もあげずに、時間や資金や人間を使っているのはどこか」を問うことである。

浪費的コストを生む活動に対する対策は一つしかない。そのような活動はやめることである。

このことは、ユニバーサル・プロダクツ社が一万社の小売業者のうちから、三〇〇〇社の小口の小売業者を切ることによって、多額の無為のコストすなわち利益なしのコストをなくすことができたように、さしたる労力を割くことなしに行える場合もある。

しかし多くの場合、浪費的コストの活動は切ることが難しい。事業全体の再設計が必要になることもある。さらに慣行、設備、経営方針の根本的な変革が必要になることも多い。

例えば、旅客機の空席を埋めるには、路線や運賃を変えたり新しい客層の開拓のための販売促進を行わなければならない。

設備の遊休時間をなくすには、設備管理、日程管理、在庫管理について新しい手法を導入しなければならない。貨物船の遊休時間をなくすには、貨物船の加工船への改装が必要になるかもしれない。

これらのコスト管理やコスト削減の手法は、従来のものとは異質である。息の長い大がかりな仕事である。例えば最大の浪費的コストは事業に対する各種の制約である。しかし、それらの制約こそ、実は機会とすべき潜在的な可能性を意味する。一律的なコスト節減はもちろんコスト削減キャンペーンの多くは、浪費的コストに手をつけてもいない。しかしあらゆる企業において、浪費的コストこそ真のコストセンターである。

コスト管理には、業績をもたらす領域の管理や資源の管理と同じように、組織的かつ体系的なアプローチが必要である。かくして、何に取り組み、何に手をつけ、何を目標とするかについて、コストの流れの分析が明らかにしてくれるものもまた、事業全体についての理解の一部であり、事業を真に成果をあげるものとするための包括的なプログラムの一部となるものである。

第6章❖顧客が事業である

企業を外部から見る

製品や市場や流通チャネルなど業績をもたらす領域についての分析、利益や資源やリーダーシップについての分析、コストセンターやコストポイントについての分析など、事業そのものについての分析は、企業が「いかなる状況にあるか」を教える。

しかし、そもそも企業が「適切な事業を行っているか」をいかにして知るか。「わが社の事業は何か。何であるべきか」をいかにして知るか。この問いに答えるには事業を外から見て分析することが必要となる。

事業とは、市場において知識という資源を経済価値に転換するプロセスである。事業の目的は顧客の創造である。買わないことを選択できる第三者が、喜んで自らの購買力と交換してくれるものを供給することである。そして、完全独占の場合を除き、知識だけが製品に対し事業の成功と存続の究極の基盤たるリーダーシップの地位を与えてくれる。

しかし、事業の何に対して代価が支払われているかについて、内部から知ることは容易でない。自らを外部から見るための体系的な作業が必要である。

ＲＣＡのように経験豊かな企業さえ、一九四〇年代に厨房機器産業に進出したとき、冷蔵庫やガスレンジにつけた自社のトレードマークを消費者が認知してくれるものと考えた。もちろん、ＲＣＡは、ラジオやテレビについては最もよく知られたトレードマークだった。そしてＲＣＡにとっては、冷蔵庫やガスレンジはラジオやテレビと同じように家庭用器具だった。

しかし消費者にとっては、それらはまったく異質の製品だった。ＲＣＡのトレードマークはガスレンジには通用しなかった。やがてＲＣＡは厨房機器産業から撤退を余儀なくされた。もしこれがカメラだったならば、ＲＣＡのトレードマークは消費者に受け入れられていたであろう。ところがＲＣＡにとっては、カメラはまったく異質の製品だった。

このような例は多い。メーカーにとっては同じ市場であり、同じ種類の製品であるものが、顧客にとっては関係のない市場であり、異なる種類の満足と価値を与える製品なのである。

しかも事業の内部からは、自らの卓越した知識さえ見ることができない。彼らにとっては当たり前のものだからである。知っている仕事は易しい。そのため、自らの知識や能力には特別の意味はなく、誰もがもっているに違いないと錯覚する。逆に、自らにとって難しいもの、不得手なものが大きく見える。

化学品、医薬品、化粧品をつくっているある企業は、個性的かつ攻撃的で、ヒラから昇進してくる事業部長クラスの人間を発掘し、育成し、束ねる点に際立った能力をもっていた。彼らはみな、担当の事業部をあたかも自分の企業のようにマネジメントしていた。互いに直接的かつ危険な競争相手とみなす場合さえあった。

それにもかかわらず、全社的な問題については、彼らの全員が同じく優秀なトップマネジメントのもとでチームとして働いていた。また、優秀な部下をほかの事業部に譲ったりもしていた。しかし、トップマネジメントは、自分たちが特筆すべきことを実現しているとは特に意識していなかった。

シアーズ・ローバックほど、詳細に自社を分析している企業はほかにあまりない。しかしそのシアーズさえ、この点においては例外ではなかった。

外部から見れば、シアーズの最も優れた能力は、明らかに適切な商品設計、的確な品揃え、適切な仕入れ先、特に全額出資や共同出資の工場による生産にあった。さらには、店舗の立地や設計や建設にあった。しかしそれらのものは当のシアーズの人間にとっては、特に重要なものとは考えられていなかった。彼らが内部において、あるいは外部に対して、強調していたも

のは販売だった。

しかし、外から見てみるなら、シアーズの販売において際立つものは何もない。にもかかわらず、シアーズではスターは常に店長だった。トップマネジメントへ昇進するのも、設計の人間よりも、店長経験をもつ人間のほうがはるかに多かった。

もちろん、内部の人間が、自社が何をしており、何によって利益を得ているかについて、必ず間違った評価をするというわけではない。しかし自分たちの評価が常に正しいと決め込んではならない。少なくとも自らの判断を検証していかなければならない。

マーケティングの八つの現実

実は今日このことは目新しいことではない。マーケティング的アプローチなるものが喧伝されて久しい。トータル・マーケティング・アプローチなる麗々しい言葉さえある。

しかしこの言葉にふさわしいものばかりとは限らない。マーケティングは流行である。だが、販売部長をマーケティング担当副社長と呼んでも、その結果は給料と経費を上げただけということになる。

今日マーケティングと称されているものの多くは、せいぜい、販売予測、出入庫、広告を統合した体系的販売活動にすぎない。もちろんそれはそれでよいことである。

しかしそれらのマーケティングは、依然としてわが社の製品、わが社の顧客、わが社の技術からスタートしている。内部からスタートしている。

すでにマーケティング分析から明らかになっていることがある。そのいくつかは、次のとおりである。

(1)顧客と市場を知るのは、顧客のみ

顧客や市場について、企業が知っていると考えていることは、正しいことよりも間違っていることのほうが多い。顧客と市場を知っているのはただ一人、顧客本人である。したがって顧客に聞き、顧客を見、顧客の行動を理解して初めて、顧客とは誰であり、彼らが何を行い、いかに買い、いかに使い、何を期待し、何に価値を見出しているかを知ることができる。

(2)顧客は満足を買う

企業が売っていると考えているものを顧客が買っていることは稀である。もちろんその第一の原因は、顧客は製品を買っているのではないということにある。顧客は、満足を買っている。しかし誰も、顧客満足そのものを生産したり供給したりはできない。満足を得るための手段をつくって引き渡せるにすぎない。

これは一つの法則である。そしてこの法則は、マディソン街に数年ごとに現れる広告の天才たちによって再発見されている。彼らは、スポンサーが行おうとする製品やその効用の説明を一蹴する。そして消費者に対し、「何が欲しいのですか。これによってそれが満たされます」という。この方法は、「すでにおもちの方にお尋ねください」というコピー以来、常に成功してきた。

しかし、メーカーにとって、自分がつくり売っているものが、顧客満足そのものではなく顧客満足の手段にすぎないということを受け入れることはきわめて難しい。そのためせっかくの教訓もすぐに忘れられ、次の広告の天才が現れるまで忘れられたままとなる。

(3) 競争相手は同業他社にとどまらない

この法則には準則がある。直接の競争相手とみなしている製品やサービスが、本当の競争相手であることは稀である。通常、競争相手をあまりに広く、あるいは逆にあまりに狭く定義している。

ロールスロイスやキャデラックなどの高級車は低価格車と競争関係にあるのではない。交通手段としていかに優れていようとも、高級車を買う者が買っているものはステータスである。

顧客が買うものは満足であるという事実から、あらゆる製品とサービスが突然、まったく異なる生産、流通、販売のされ方をしている他産業の製品やサービスと競争関係に置かれる。まったく異なる機能や形態だが、しかし得られる満足は同じ種類のものであるという製品やサービスと激しい競争関係に置かれる。

例えばキャデラックがミンクの毛皮や宝石や豪華リゾートでの休暇などと顧客の金を争っていることは、誰もが知っている数少ない例である。

ボーリング場の設備メーカーの主たる競争相手は、同業他社ではない。彼らがつくっているものは、運動設備である。しかし顧客が買っているものは運動である。所有するものではなく、行うことである。したがって、彼らの競争相手は、急速に増加しつつある豊かな都会人の自由時間に応えるすべてのもの、すなわち、ボート漕ぎ、芝生の手入れ、大学の夜間講座である。

実は、ボーリング場の設備メーカーが、最初にこの自由時間市場の存在に気づき、最初に新しい家族ぐるみの活動を促進したことが、一九五〇年代のあの大成功を収めさせたのだった。しかし彼らが、活動の満足に対するあらゆる供給者を競争相手と定義せずに、同業他社だけを競争相手と定義したことが、六〇年代以降のあの不振の原因となった。

明らかに彼らは、ほかの活動が自由時間市場を侵食しつつあることに気づかなかった。したがって彼らは、自由時間市場において、明らかに昨日の製品になりつつあったボーリングに代わるべきものを自ら開発していく必要に気づかなかった。

時には、直接の競争相手の行動さえ見落としてしまうことがある。例えば、大手化学品メーカーの多くは、その情報収集能力にもかかわらず、あたかもこの世には競争相手が一社も存在しないかのように行動した。

一九五〇年代の初め、最初の量産プラスチックたるポリエチレンが市場における地位を確立したとき、アメリカの大手化学品メーカーのすべてが一様に膨大な潜在成長力を認めた。全メーカーが市場の成長を予測した。しかし、自社に明白なことが、他社に気づかれないわけはないということを認識していたものはなかったかのようだった。彼らはみな、他社による生産能力増はないものとして、自社の設備計画を立てた。

事実、ポリエチレンの需要は、当時の最も大胆な予測をも超えて急速に増大していった。しかし、あらゆるメーカーが、需要の増大分のすべてを自社で獲得するという想定のもとに設備を拡張したため、今日では稼働率五〇％という設備過剰と価格破壊がもたらされたままとなっている。

---

(4) 質を決めるのは企業ではない

もう一つ準則がある。すなわち生産者や供給者が、製品の最も重要な特色と考えるもの、すなわち製品の質が、時として顧客にとってまったく意味がないということである。

メーカーの考える製品の質とは、単に生産が難しくコストがかかっているだけという場合が少なくない。しかし顧客はメーカーの苦労には動かされない。顧客の関心は「この製品は自分のために何をしてくれるか」だけである。当然である。

メーカーにとって、この事実は、受け入れることはもちろん理解することさえ難しい。それがいかに難しいかは、広告のコピーに示されている。広告の多くが、その製品をつくることがいかに複雑で困難かを強調している。「この製品をつくるには、わが社の技術者は、自然の法則を一時停止させなければならなかった」と繰り返す。

しかし、顧客の反応は、せいぜいのところ広告の意図とは逆となる。「それほどつくるのが難しかったのならば、うまく動かないのではないか」

(5) 顧客は合理的である

顧客は合理的である。不合理であると考えるのは危険である。それは、顧客の合理性がメーカーの合理性と同じであると考えたり、同じでなければならないと考えるのと同じように危険である。

アメリカの主婦は、食品を買うときと口紅を買うときとでは、別人のように行動することから、心理学のたわごとが並べられている。

一家のために毎週食料を買い入れる主婦は価格を意識する。五セント安い特価品があれば、馴染みのブランドも見捨てる。当然である。主婦は、専門家すなわち一家の総支配人として食料を買う。しかし、口紅をそのように買う女性と結婚したいと誰が思うだろう。

まったく異なる二つの役割において、同一の基準を使わないことこそ、合理的な人間にとっての唯一の合理的な態度である。

メーカーや供給者は、なぜ顧客が不合理に見える行動をするのかを知らなければならない。顧客の合理性に適応すること、あるいは顧客の合理性を変えようとすることが、メーカーや供給者の仕事である。しかしそのためにはまず、顧客の合理性を理解しそれを尊重しなければならない。

(6)顧客の企業に対する関心は些細なものである

市場にとっては、いかなる製品、いかなる企業も重要な存在ではない。最も価値があり、最も望まれている製品でさえ、多様な製品、サービス、満足の一部にすぎない。

もし、顧客が自社の製品のことを少しなりと考えてくれたとしても、それは、まことに些細な関心にすぎない。顧客は、いかなる企業いかなる産業も気にかけていない。市場には、社会保障や先任権や年金のたぐいはない。市場は無情であって、最も忠実な者に対してすら、一文の解雇手当も払わずにお払い箱にする。企業の倒産は、従業員、納入業者、銀行、労働組合、地域、国にとって大惨事である。しかし、市場にはさざ波さえ起こらない。

これは企業にとって受け入れにくいことである。誰でも、自分が行うことやつくるものは重要である。当然企業の人間も自分の企業とその製品を中心にものを見る。しかし、顧客は通常それらのものを見てもいない。

はたして、どれだけの主婦が洗濯物の白さについて熱心に話をしているだろうか。そのような話題は主婦の話題の最下位に近い。

にもかかわらず、洗剤の広告は、白くなることばかりを繰り返す。洗剤メーカーの紹介者はみな、洗剤がどれだけ洗い落とすかが主婦の最大の関心事であり、絶えざる興味の的であり、常に比較していることであると信じ込んでいる。もちろん、彼らがそう信じているのは、単にそれが彼ら自身の関心事であり、興味の的であるからにすぎない。

(7) 決定権をもつ者、拒否権をもつ者

ここまではすべて誰が顧客かはわかっているという前提に立っていた。しかし、マーケティング的アプローチによる分析では、誰が顧客かはわからないという前提に立たなければならない。顧客とは、支払う者ではなく買うことを決定する者である。

かつて、医薬品メーカーの顧客は、医師の処方箋や自分の処方によって薬を調合する薬剤師だった。しかし今日、処方薬の購入の決定は医師が行っている。

それでは、患者は、医師が買ってくれるものについて支払いを行うだけという、純粋に受け身の存在なのか。それとも、患者や一般大衆は、いわゆる特効薬の宣伝によって関心をもたされるようになった結果、今日では医薬品の顧客になっているのだろうか。さらにまた、薬剤師は、医薬品メーカーの顧客という地位を完全に失ってしまったのだろうか。

医薬品メーカーの間でも、これらの疑問に対する答えは分かれている。しかし、答えが違えば、とるべき行動も違ってくる。

購入の決定権をもつ顧客は、少なくとも二人いる。最終購入者と流通チャネルである。

缶詰メーカーには主たる顧客が二人いる。主婦と食品店である。食品店が陳列してくれなければ主婦も購入してくれない。主婦が自社のブランドに忠実であって、棚になければ、目につく棚にある他社の有名品を買わずに、ほかの店まで探しに行ってくれるなどと考えることは、自己欺瞞にすぎない。

しかし、最終購入者と流通チャネルのいずれが、より重要であるかは、多くの場合簡単には決められない。例えば今日では、消費者を対象にしている全国向けの広告が、小売業者に対して効果的であり、彼らを販促に動かすうえで役に立つことが明らかになっている。

他方、隠れた説得者としてもてはやされている小売業者でさえ、たとえ広告の支援があったとしても、何らかの理由で買おうとしない消費者に製品を売りつけることはできないということも明らかになっている。

しかも、消費財よりも生産財のほうが、誰が顧客であるかを決めることが難しい。機械につけるべき動力機器の部品メーカーにとっては、最終消費者は誰であって、流通チャネルは誰なのだろうか。機械メーカーの購買担当者か、仕様を決める機械メーカーの技術者か。それとも完成品の機械の購入者か。完成品としての機械の購入者は、モーターの始動機や制御機器などの部品をどの部品メーカーのものにするかについては、通常、決定権はもっていない。しかし拒否権はもっている。したがって、ここに挙げた者はすべて顧客である。そして、それぞれのレベルのそれぞれの顧客がそれぞれの欲求、習慣、期待、価値観をもっている。少なくとも拒否権を発動されることのないよう、彼らすべての顧客を満足させなければならない。

(8)市場や用途から顧客を特定する

しかし、企業や業界が顧客を識別できない場合にはどうすべきか。顧客と呼びうる特定の個人や集団をもたない企業や業界も多い。

あらゆる種類のガラスを生産している大手ガラスメーカーにとっては、誰が顧客か。ガラスメーカーは、自動車のガラスから収集家用の高価な花瓶まで、あらゆる者にガラスを売っている。したがって、特定の顧客も特定のニーズも特定の期待もない。

同じように、製紙会社が包装用紙のための原紙を購入してもらう場合、印刷業者、包装デザイナー、包装紙販売業者、包装用紙の発注会社の広告代理店、発注会社の販売部門、デザイン部門のいずれもが、少なくとも購入する原紙について拒否権をもっている。しかも誰一人として、単なる紙を購入しようとしているのではない。そして購入の決定は、包装の形状、コスト、一大きさ、紙質についての決定を通じて間接的に行われる。この場合顧客は誰なのか。

特に二つの種類の産業において、顧客を特定することがきわめて困難、あるいは、まったく不可能である。すなわち素材メーカーと、最終用途品のメーカーである。

素材産業は、原油、銅鉱石などの原材料を中心として、ないしはガラス製造、製鉄、製紙などのプロセスを中心として組織されている。したがって、製品は必然的に顧客ではなく原材料によって規定される。

他方、糊、ボンド、にかわ等の接着剤メーカーのような最終用途品産業には、特定の生産プロセスや原材料がない。接着剤は、とうもろこし、じゃがいもなどの植物性の物質、動物性の油脂、あるいは石油化学品からも生産できる。しかも特定しうる顧客はいない。接着剤はほとんどの産業で使われる。

鉄鋼メーカーや接着剤メーカーのように、誰もが顧客であるということは、誰も顧客でないというのと同じである。

しかし、この種の産業にはマーケティング分析を使えないということではない。素材産業や用途産業では、マーケティング分析は、顧客ではなく市場や用途からスタートすればよい。

素材産業は市場を中心に分析すればよい。例えば、銅にはあまりに多様な顧客がおり、あまりに多様な用途があって、顧客や用途からは分析が不可能である。しかし、銅製品の何パーセントが建設市場向けであるという事実からは、意味のある分析を行うことができる。

他方、接着剤は、顧客や市場からは分析できなくとも、材料の表面間接着という用途の本質から、意味のある分析を行うことができる。

誰が、どこで、何のために買うのか

このように、外部からの事業の見方には、三つの側面がある。すなわち「誰が買うか」だけでなく、「どこで買うか」「何のために買うか」という視点がある。あらゆる企業が、顧客、市場、用途のいずれかを中心に定義できる。それらの三つのいずれが適切であるかは事業によって異なる。

したがって、いかなる事業のマーケティング分析においても、三つの側面すべてについて検討し、最も分析に適した側面を見つけなければならない。本書において、顧客、市場、用途という言葉がよく出てくるのも、そのためである。

しかも、その結果きわめてしばしば次のようなことが明らかにされる。

- 例えば製紙会社における顧客や用途のように、不適切と思われる側面についての分析が実はきわめて重要である。
- 顧客、市場、用途のうちの一つの側面についての分析結果をほかの側面についての分析結果に重ねることによって、重大かつ実り豊かな洞察を得ることができる。

したがって、明確に特定しうる顧客が存在している場合においても、市場や用途について検討することが望ましい。事実、そのような多元的な分析こそが、誰のために、いかにして、いかなる種類の満足を適切に供給しているかを、自信をもって定義するための唯一の方法である。そして、しばしば、企業の将来がいかなる要因と情勢にかかっているかを知るための唯一の方法である。

市場の現実からいえることは一つだけである。すなわち、事業にとって重要なことは、顧客の現実の世界、すなわちメーカーやその製品がかろうじて存在を許されるにすぎない外部の現実の世界を知ることだということである。

予期せぬものを知るための九つの問い

もちろん、これらマーケティング分析における標準的な問いには、すべて答えなければならない。

「顧客は誰か、どこにいるか、いかに購入するか」

「顧客は何を価値とするか、顧客のいかなる目的を満足させるか。顧客の生活と仕事において、いかなる役割を果たすか。顧客にとってその役割はどの程度重要か。例えば年齢や家族構成など、いかなる状況のもとでその役割は最も重要か。逆に顧客にとっていかなる状況のもとで最も重要でないか」

「直接あるいは間接の競争相手は誰か。彼らはいま何をしているか、明日何をしているか」

しかし、本当に重要な問いは、次のような稀にしか提起されない問いである。しかし、それらの問いこそ、われわれに予期せぬものを教えてくれるものである。

(1)ノンカスタマー

「ノンカスタマー(非顧客)、すなわち、市場にありながら、あるいは市場にあっておかしくないにもかかわらず、自社の製品を購入しない人たちは誰か。なぜ彼らは顧客になっていないのか」

日曜大工用品メーカーの成功がよい例である。市場調査の結果、そのメーカーの主な顧客は自分の家を初めてもった新婚家庭であることが明らかになっていた。しかも彼らが、五年は熱心な顧客であるが、その後は遠ざかっていくことも明らかになっていた。

しかし彼らこそ家に最も関心のある層だった。手仕事をする体力もあった。幼児を抱え平日の夜や週末はほとんど家で過ごしていた。

結婚後五年以上を経て顧客でなくなってしまった人たちを調べてみると、彼らも顧客にしうることがわかった。彼らが顧客でなくなった主な原因は、そもそも、そのメーカーが流通チャネルとして、彼らが買い物をできる時間帯の中では、土曜の午前しか開いていない金物店を使っていたからだった。しかもその土曜の午前でさえ、小さな子供をもつ父親には買い物のしにくい時間だった。

そこでそのメーカーは、平日の夜、彼らが家族連れで買い物に出かけるショッピングセンターに製品を置くことにした。同時に通信販売も始めた。そして売上げを倍増させた。

日曜大工用品は、家をもって五年以上の家庭のほうが、買ってくれる人の割合も少なく額も少なかった。しかし、そちらのほうが数としては初めて家をもつ家庭よりもはるかに多かった。

(2)金と時間の使い方

同じように重要な問いが、「顧客は何を買うか。金と時間をどう使っているか」である。

あらゆる企業が、顧客の消費額、可処分所得[1]、自由裁量所得、自由裁量時間のいかなる割合が、自社の製品に向けられており、かつその割合が増えているか減っているかを知ろうとしている。

もちろん、それらのことは重要である。しかし、「顧客は、その金と時間をいかに使うか」についての知識のほうが、はるかに多くのことを教えてくれるはずである。

顧客が何を買うかを問うことによって、ある大手の建設資材メーカーは価格や品質が自社製品の購買の決定要因ではないことを知った。購買の決定要因は、設備投資として会計処理されるか、運転費用として処理されるかにあった。

公的機関にとっては運転費用として処理できたほうが購入しやすかった。これに対し、民間企業にとっては収益率を下げる運転費用ではなく、資産として計上される設備投資として処理できたほうが購入しやすかった。

そこで同社では、公的機関向けには一〇年契約のレンタルとし、民間企業向けには一〇年の無料補修付き一括払いで販売することにした。

(3)価値選好

これに関連して、通常の市場調査や顧客調査では提起されていない二つの問いが出てくる。

「顧客、あるいはノンカスタマーは、他社から何を購入しているか。それらの購入は、顧客にとっていかなる価値があるか。いかなる満足を与えているか」

「それらの満足は、わが社の製品やサービスから得られる満足と、現実にあるいは潜在的に競合するか。それらの満足は、わが社の製品やサービス、あるいはわが社の潜在的な製品やサービスが提供できるか、あるいはわが社のほうがよりよいものを提供できるか」

これらの問いが明らかにするものは、市場の価値選好である。

「顧客がわが社から得ている満足は、顧客の生活においてどの程度重要か」

「その重要度は今後大きくなるか小さくなるか」

「いかなる分野において、顧客はまだ満たされていない新しいニーズないしは十分満たされていないニーズをもっているか」

(4)提供しうる価値

ここまで来るといよいよ決定的に重要な問いが出てくる。

「わが社の製品やサービス、あるいはわが社が提供しうる製品やサービスのうち、本当に重要な満足を提供しているものは何か」

この点に関して、私が知っている最も創造力に富んだ例は中南米のあるソフトドリンクのボトラーが行ったことである。

このボトラーは、いまのところまだ事業はうまくいっているものの、市場が急速に飽和状態に近づきつつあることに気づいた。そこでこの会社は、「五〇年前、ソフトドリンクが国民に与えた満足に最も近い満足を与えるものは、今日のわが国の社会においては何か」と自問した。その答えが、ペーパーバックの本だった。

国民はまだ貧しかったが、五〇年で識字率が大幅に上がっていた。しかし、まだ本は都会の数少ない書店で売られているだけだった。今日の国民にとってペーパーバックこそ、五〇年前の裸足のインディオにとってのソフトドリンクのようにささやかな贅沢品となるはずだった。

しかも、商品化、大量流通、大量陳列、売れ残りの返品など、ペーパーバックの抱える問題はほとんどソフトドリンクのそれと同じだった。つまるところ、このボトラーが自らの事業から学び取っていたものは、ソフトドリンクではなく大量流通商品についての知識だった。

(5)存在意義

さらになお、提起すべきいくつかの問いがある。

「いかなる状況が、わが社の製品やサービスなしでもすむようにしてしまうか、あるいはわが社の製品やサービスなしにすまさざるをえなくしてしまうか」

言い換えるならば、「わが社は、顧客の経済、事業、市場の何に左右されるか。経済性か。それとも豊かな社会における物からサービスへの流れか。低価格から便利さへの流れか。それらの見通しはどうか。それらのうち、わが社は、わが社にとって有利な要因を利用できるようになっているか」である。

(6)商品群

「顧客の考え方や経済的な事情からして意味ある商品群は何か。何が商品群をつくるか」

二つの例がこの問いの意味を説明する。

食器洗い機を開発したメーカーは、すでに主婦たちが熱狂的に受け入れ、いまや十分馴染んでいる洗濯機に、自社の食器洗い機を似せるため非常な労力とコストをかけた。

食器洗い機と洗濯機では技術があまりに違い、この二つを似せることは容易ではなかった。しかし結局のところ、食器洗い機の失敗は、その従兄たる洗濯機に似せることに成功したことにあった。食器洗い機は、洗濯機に似ているくせに価格が二倍もした。

洗濯機に似ているのに、なぜ価格が二倍もするのか。技術者でもなければ技術者であろうとも思わない主婦にとっては理解しがたいことだった。

言い換えれば、メーカーは食器洗い機を価格期待感に応えられない商品群に入れてしまったのである。したがって、もし食器洗い機をまったく異なる新しいものとして、台所器具という馴染みの商品群の外に位置づけていたならば、はるかによい成績をあげていたに違いない。

もう一つの例は、シアーズ・ローバックが二種類の保険から得た経験である。シアーズは、一九三〇年代に、自らの店舗で自動車保険を売り出し大きな成功を収めた。その結果、シアーズ所有の保険会社は、自動車保険についてはアメリカ第二位の保険会社にまで成長した。しかしその二〇年後、シアーズが売り出した生命保険は、顧客に受け入れられず、自動車保険の成功にあやかることができなかった。

顧客にとっては、自動車保険は自動車の付属品であり、ブレーキやハンドルと同じ部品だった。しかし生命保険は違った。それは物ではなく金融商品だった。したがって生命保険は、自動車保険と同じ商品群には入らなかった。名前が保険であるということだけでは同じものにはならなかった。

ここにもう一つ、製品を間違った商品群に入れてしまった例がある。ただしこれは、ハッピーエンドのケースである。

ある園芸用品メーカーは、薔薇園芸家のために特別の肥料と防虫剤を発売した。業界でリーダー的な地位にあったそのメーカーは、新製品が当然売れるものと期待した。素人園芸家はほとんどみな、薔薇を栽培しており、その手入れに熱心だった。

しかし、薔薇用新製品は失敗だった。ところが使用説明書では薔薇専用と書いてあったにもかかわらず普通の花の手入れ用として売れている店があった。やがてそのメーカーも、消費者のこの御託宣を受け入れて一般用として売ることにした。すると突然、ほとんど失敗作と諦めかけていたその製品が生き返った。

郊外の一般住民にとって、薔薇園芸家とは彼らのことではなかったのである。

群（集合）とは、心理学にいうところの形態（ゲシュタルト）である。したがって、それは見る者の主観のうちに存在する。定義ではなく知覚に依存する。

知覚に依存する商品群はメーカーと顧客では当然異なる。両者は、互いに違う経験をもち、違うものを求めているからである。そして意味をもつのは顧客のほうの知覚である。買うか買わないか、いかなるときに何を買うかを決めるのは消費者の知覚である。

(7)潜在的な競争相手

予期せぬものを知るための次なる問いは、「競争相手になっていない者は誰か。それはなぜか」である。

産業構造ほど急速に変化するものはない。しかし、企業の人間にとっては、その時々の産業構造ほど、自然法則のように不変に見えるものはない。電気製品メーカーの協会や食品店の協会の現在の会員が業界である。しかし実際には、まったくの新規参入者が次から次へと、強力な競争相手となって現れてくる。顧客のニーズを満足させるうえでの競争相手となる。

すると直ちに、昨日まではあれほど強固に見えた産業構造が分解する。そしてその新しい産業構造も、ひとまず落ち着くと再び不変のものと考えられるようになる。

ここに二つの例がある。

印刷機メーカーは第二次世界大戦後、市場に現れた新しい事務用コピー機に注意を払わなかった。コピー機は印刷用のものではなかったし、印刷業者に売られてもいなかった。ある印刷機メーカーなどは、コピー機の発明者からの提携の申し入れを検討もせず断っていた。印刷機メーカーが、同業他社よりもはるかに危険な競争相手が現れたという事実に目を覚まされたのは、印刷業者の伝統的な仕事の多くが彼らの顧客たち自身の手によってコピー機で行われるようになってからのことだった。

同じように、アメリカの肥料メーカーは自分たちを化学品メーカーと考えていた。しかし「まだ競争相手になっていないのは誰か。誰がいつ競争相手になるか」という問いを発していたならば、直ちに石油会社そのものが肥料産業に進出しない理由は何もないことが明らかになったはずである。

石油会社は、肥料にとって最も重要な原料であるアンモニアを天然ガスの副産物として産出していた。しかも、石油会社は大量流通の専門家であって僻村にも販売網をもっていた。さらに五〇年代後半には、石油会社がそのコストのかかる巨大な販売網のための商品を必要としているということがますます明らかになっていた。

しかし、アメリカのある大手石油会社がヨーロッパで肥料に進出したとき、アメリカの肥料メーカーはそのようなことはアメリカでは起こりえないとした。だが現実には、ある日突然アメリカの肥料産業の一部が石油産業によって奪われたのだった。

---

(8)潜在機会

「まだ競争相手になっていないのは誰か」という問いから、次の問いが論理的に出てくる。「わが社は、誰の競争相手にまだなっていないか。わが社の事業の一部と考えていないために、わが社には見えていず、試みてもいない機会はどこにあるか」という問いである。

(9)顧客の現実

そして最後に、「完全に不合理に見える顧客の行動は何か。したがって、顧客の現実であって、わが社に見えないものは何か」という問いがある。

消費財メーカーは、なぜ大手の小売業者が自らのブランドをもとうとするか、あるいは、もたなければならないかを理解することができない。大手の小売業者は、全国ブランド、すなわちメーカーブランドの販売に成功すればするほど、自らのブランドでそれを販売したがる。

消費財メーカーは、これを目前の利益を重視する近視眼的な考えであるとしている。しかし、小売業者も、自らのブランドでは、利幅は大きくとも、在庫のコストや売れ残りに伴うコストに食われてしまうことは知っている。

だが、このことを小売業者が知っているという事実も、消費財メーカーにとっては、小売業者の不合理さを確認し信念を固めるだけのことになっている。しかし小売業者は、メーカーの全国ブランドに全面依存することに伴うリスクを恐れているのであって、それは完全に合理的な戦略なのである。

店にやって来る客が目にし、買うことのできるもののすべてが、どの店でも同じ値段で買える全国ブランドのものばかりだったならば、何のためにその店に来たいと思うだろうか。誰でも扱える全国ブランドに依存した店には個性もなければ評判もない。単に場所があるだけにすぎない。

一見不合理に見える顧客の行動を理解するには、マーケティング的なものの見方が必要である。供給者たる者は、自らの論理ではなく市場の論理に従って行動しなければならない。

メーカーは、顧客の行動を自らに有利なものにできないならば、自らを顧客の行動に適応させなければならない。さもなければ、顧客の習慣やものの見方を変えるという、はるかに難しい仕事にかからなければならないことになる。

小売業者が店舗の個性化のために自らのブランドをもとうとすることは、小売業者自身の利益のためである。したがってメーカーは、それに適応したほうがよいし、また、できることならば、それを自らの利益になるようにしたほうがよい。自社がすでに一つの製品について支配的な供給者になっていたとしても、小売業者のブランドの供給者になってよい。

これに対し、逆の例として、アメリカの大手電力会社によるタービン購入の仕方は、一定の合理性はあるものの、メーカーや当の電力会社の長期的な利益に反するものとなっている。現在のような購入の仕方ではコストは不必要に高くなる。

発電所は、昔から、それぞれに別のプロジェクトとして設計されている。しかも、電力会社の設計者は、あらゆるタービンや発電機に特徴をもたせようとしている。しかし、タービンメーカーであるGEやウェスチングハウスは、大量生産を行うに十分な受注を抱えている。したがって個々のタービンに特徴をもたせることは、余分のコストを発生させているだけである。そのようなことは、標準部品の組み立てによって十分満足できる製品がつくられるようになっている今日、まったく不要である。

さらに、電力会社は、需要に応じてではなく、長期金利に応じて発注している。したがってメーカーには、ほぼ五年に一度注文が殺到してくる。そしてその二、三年後にはタービン工場は超多忙となり、そもそも発注段階から遅れていたものを間に合わせるべく、三交代制で働かされることになっている。しかし、工具や半製品や機械類が、互いに邪魔し合っている過密な工場ほどコストのかかるものはない。

GEやウェスチングハウスは、これらの問題の半分については取り組んできた。長い時間をかけて、詳細設計ではなく性能書を提示するようにすれば、大幅なコスト減が可能であることを電力会社にわからせた。そして大きな進歩がもたらされた。

しかし、問題の残りの半分である金利次第の発注については、私の知るかぎりまだ取り組んでいない。この問題の解決は可能である。金利は循環的である。例えば発注時の金利と、その後五年間における最低金利との差を重電メーカーが負担したとしても、低金利のリファイナンスによって、メーカー側のリスクはせいぜい金利分の一〇％程度にとどまる。これまでの繁閑の激しい生産による余分のコストよりも、はるかに安上がりなはずである。

顧客の現実を理解する

一見不合理に見えても顧客の利益になっているものに代えて、メーカーが合理的と考えるものを押しつけようとするならば、必ず顧客を失う。少なくとも顧客は、そのようなメーカーの試みを経済力の濫用と感じる。そして事実そのとおりである。

いずれにせよ、顧客の利益に反する行為に対しては、メーカーは結局は高いツケを払わされることになる。

間もなくアメリカの医薬品産業が、その例になるかもしれない。医師がブランドのついた薬を好むことは十分に合理的である。現代の薬学や生化学は、医師、特に年輩の開業医の能力を超えて発達してしまった。多忙な開業医にとって、薬剤の調合はあまりに複雑である。したがって彼らはメーカーに依存する。

また、医師が薬剤の価格を気にしないことも合理的である。ほとんどの場合、結局は医療保険が支払ってくれる。患者のほうも、医師が薬代を節約してくれても特に感謝することはない。こうして医師はブランドのついた薬を使うことになる。そして事実、これが平均的な医師にとって効力の強い新薬を使いこなす唯一の方法である。

しかし、医薬品メーカーにとっては自己の流通チャネルにおけるそのような合理性が、最終消費者である患者の利益につながるようにすることこそ責務である。にもかかわらず、医薬品メーカーは、医師の無知を利用して、ブランドをつけた薬の価格を学術名のついた薬よりも高くし、誰かにそのツケを払わせている。

やがてそのようなことに対しては懲罰的な措置がとられるおそれがある。事実そのような危惧がすでに医薬品産業に近い関係者たちから表明されている。そして万一、そのような措置がとられるならば、それは必要な度合いや、望ましさの度合いをはるかに超えた極端なものとなるのが常である。

これらの例が示すように、顧客の、不合理に見える側面を尊重しなければならない。不合理に見えるものを合理的なものとしている顧客の現実を見ることこそ、事業を市場や顧客の観点から見るための有効なアプローチである。これこそ、市場に焦点を合わせた行動をとるための容易なアプローチである。

マーケティング分析は、市場調査や顧客調査をはるかに超えるものである。すなわちそれは、第一に事業全体を見るものである。そして第二にわが社の市場、顧客、製品ではなく、顧客の購入、満足、価値、購買、消費、合理性を見ようとするものである。

第7章❖知識が事業である

際立った知識が事業存続と成長の源泉

顧客が事業であるのと同じように、知識が事業である。物やサービスは、企業がもつ知識と、顧客がもつ購買力との交換の媒体であるにすぎない。

企業は、人間の質によって、つくられも壊されもする人間組織である。労働は、いつの日か、完全にオートメーション化されるところまで機械によって行われるようになるかもしれない。しかし、知識は、優れて人間的な資源である。

知識は、本の中にはない。本の中にあるものは情報である。知識とはそれらの情報を仕事や成果に結びつける能力である。そして知識は、人間すなわちその頭脳と技能のうちにのみ存在する。事業が成功するには、知識が、顧客の満足と価値において、意味あるものでなければならない。知識のための知識は、事業にとってあるいは事業以外のものにとっても、無用である。知識は、事業の外部、すなわち顧客、市場、最終用途に貢献して初めて有効となる。

ほかの者と同じ能力をもつだけでは、十分でない。そのような能力では、事業の成功に不可欠な市場におけるリーダーの地位を手に入れることはできない。卓越性だけが利益をもたらす。純粋の利益は革新者の利益だけである。

経済的な業績は、差別化の結果である。差別化の源泉、および事業の存続と成長の源泉は、企業の中の人たちが保有する独自の知識である。

成功している企業には、常に、少なくとも一つは際立った知識がある。そしてまったく同じ知識をもつ企業は存在しない。著名な大企業を特徴づける際立った知識とは、次のようなものである。

世界最大のメーカーGMは、高度に技術的であって、大量生産と大量販売に向いた事業を発展させるための際立った知識をもっている。GMは、この知識を自動車産業において獲得し、ディーゼル機関車、ブルドーザー、耐久消費財への進出に利用した。GMは、凡庸な企業を引き受けて成功させる能力に優れている。

しかしGMにも限界はある。GMといえども、その知識は、普遍的ではなく特殊である。GMは航空機用エンジンの主要メーカーにはなれなかった。航空機用エンジンの技術は、GMが成功している技術に近いものではあったが、市場が違い知識が違った。

またGMは、自動車の分野においてさえ万能の天才ではなかった。イギリスの子会社ボクスホールは、四〇年間もGMの所有とマネジメントのもとにあるが、いまだにイギリスの国内市場においてようやく第三位の地位を占めているにすぎない。

もう一つ例を挙げるならば、アメリカでは大手市中銀行は三つの分野において優れた知識をもたなければならない。第一に、資金の管理についての知識、第二に、信託や投資に関わる資本の管理についての知識、そして第三に、おそらく最も重要な知識として、データ処理についての知識である。

ＩＢＭは、同社自身も強調しているように、その優れた製品のために、コンピュータ産業においてリーダー的な地位にあるのではない。企業のデータと情報の管理について優れた知識をもっているためにリーダー的な地位にある。

ＩＢＭが顧客から受けている報酬は、製品に対してというよりはサービスに対してである。すなわちＩＢＭは事業のプロセスについての知識によって事業を行っている。

宇宙・防衛産業において、マーチン社やノースアメリカン・アビエーション社と同業のある大手メーカーは、冶金学、電子工学、航空力学、物理学について際立った能力をもっている。しかし、そのメーカーの真に際立った知識は、理論的にも実践的にもシステム・マネジメントに関わるものだった。すなわち未知の仕事に向けて多様な技能を組織するための知識に優れていた。システム・マネジメントにおける卓越性とは、未知なるものを予測し、未知なるもののために計画し、未知なるものを生産的に組織化する能力のことである。

確かにオランダのフィリップスはその技術において卓越性を誇っている。しかしそのような電機メーカーはほかに二ダース以上もある。フィリップスを際立たせているものは真に国際的な会社を運営する能力である。フィリップスの海外子会社は、すべて現地の経済、社会、市場に溶け込んでいる。

しかもそれらの子会社は、すべて同じ製品を扱っているだけでなく、その意識のうえで、間違いなく緊密に結ばれた家族の一員となっている。そしてその家族においては、みなが家長すなわち母国オランダのトップマネジメントの権威のもとにある。

卓越さを発揮できる事柄が、きわめて平凡なことである場合もある。何千という企業が優れた仕事をしているが、その中でその企業だけがさらに優れた仕事をしているというケースである。

ある有名な大企業において、ある事業部がほかの事業部よりもはるかに高い利益を一貫してあげていた。しかしその事業部は世界中の何十万という金属加工工場と同じ機械と工程によって、何百万という金属片を切ったり、曲げたり、削ったりしているにすぎなかった。

だがその事業部は、この平凡な仕事を非凡にこなしている。自慢は、顧客が欲しいものを説明し終わらないうちに見本をつくれることであり、顧客の腹づもりの半値をめったに超えないことであり、顧客が帰り着く前に出荷を開始できることだった。

この事業部の卓越性は設計の単純さと速さにあった。設計のための諸々の段階を踏むことはほとんどなかった。学校も出ていないような現場監督が、ほとんど時間をかけずに図面を引き、機械にかけ、プロトタイプをつくっていた。

――――

もちろん事業を際立たせている知識が、純粋に技術である場合もある。

――――

例えば、アルコール飲料のリーダー的なメーカーの一つであるナショナル・ディスティラーズ社は、自らの知識を発酵化学と定義している。そして事実、この定義から第二次世界大戦後間もなく化学医薬品の大手メーカーにまで発展した。

――――

ともあれ、ここまで技術ではなく知識について述べてきた。技術は数ある知識の一つにすぎないからである。

いかなる企業においても、技術だけが唯一の必要な知識ではない。高度に技術的な産業において、特に技術的には優れていないにもかかわらず成功している企業がたくさんある。もちろんそれらの企業も優れた技術はもっていなければならない。しかし本当の強みは、ほかの分野、例えばアメリカのある化学品メーカーのようにマーケティングであったりする。

――――

事業はガラスであると定義しているガラスメーカーが成功するには、いかに複雑で難しくとも、ガラスの技術そのものは知らなければならない。ガラスおよびガラス状のあらゆるものに関して、工業上、商業上の応用について知識をもたなければならない。
一方でガラスメーカーは、ガラス製造についての知識とともに、最終用途についての知識ももたなければならない。

このことは、常にあらゆる素材産業についていえる。あらゆる産業の中で、素材産業は、技術という観点から、すなわち教え学ぶことのできる体系的な情報という観点から最も定義しやすい産業である。

わが社が得意とするものは何か

自社の知識を把握するための知識分析の最善の方法は、自社が成功してきたものと失敗してきたものを調べることである。自社が得意とするものは、自社と同じようなマネジメントが行われており同じような能力をもつ競争相手が、自社と逆の経験をしている場合によくわかる。

したがって、他社はうまくできなかったが、わが社はさしたる苦労もなしにできたものは何かを問わなければならない。同時に、他社はさしたる苦労なしにできているのに、わが社はうまくできなかったものは何かを問わなければならない。

例えば、アメリカを代表する企業、GMとGEの新規事業についての対照的な仕事ぶりがある。

GEは、無からスタートし、新しいアイデアを取り上げて、そこから事業を築き上げるうえで著しい能力を示してきた。同社は第二次世界大戦中、アメリカは工業用ダイヤモンドの輸入に依存することなく、自給できるようにならなければならないとの結論を出した。そしてわずか五年後には、ダイヤモンドの商業生産の道を発見した。さらに一〇年後の一九六〇年前後には、その人造ダイヤモンド事業は、世界最大の規模にまで成長した。

他方、GMも、事業を発展させるうえで同じように傑出した記録をもっている。GMは、すでにかなりの規模に達し、市場においてすでに若干のリーダーシップを獲得している企業を買収する。そのような並の企業を買収しては数年後にはチャンピオンに仕上げる。それは、あまりに稀な能力であって、二〇世紀の魔女とさえいわれ、反トラスト法違反ではないかとさえ疑われている。

しかし両社とも、他方にとって易しいことがうまくできないようである。私の知るかぎり、GMは新しい事業をスタートさせたことがない。そしてGEは事業の買収ではいつも運がない。

化学品の業界でも、有名なメーカー三社が対照的な例を示している。

三社とも長年の間、業績は好調である。外部の者には三社とも同じように見える。いずれも大研究所、工場、営業組織をもっている。そして同じ化学品分野にある。設備投資や売上高もほぼ同じである。ROI（投資収益率）もほぼ同じである。

しかしそのうち一社は、消費財市場向けの新製品でのみ、常に成功している。もう一社は、工業用ユーザー向けの特殊化学品の開発で際立った成功を収めている。しかし、消費財市場への進出には何度も失敗している。

残る一社は、消費財市場、生産財市場のいずれにおいても特に優れた実績がない。売上高利益率はほかの二社よりもかなり低い。しかし研究開発の成果をもとに、ほかの化学品メーカーから膨大な特許料を得ている。ただし、自社の研究開発の成果を自ら製品として成功させ、その売上げから高い利益をあげることについては不得手のようである。

第一と第三のメーカーは、明らかに独創的な研究開発に強い。第二のメーカーは、冗談交じりではあるが、ここ二〇年というもの、独創的なアイデアなど生んだことがないといっている。しかしこのメーカーは、他社の未完成のアイデアや研究所段階のアイデアに可能性を見出し、権利を取得し、工業用の特殊化学品に仕立てるうえで驚くべき能力をもっている。

そして、これら三社のいずれもが、それぞれ自社は何ができ、何ができないかを理解している。いずれも自社に特有の知識の観点から目標と評価基準を設定している。

第一のメーカーは消費財市場での成功という観点から、第二のメーカーは工業用特殊化学品の成功という観点から、そして第三のメーカーは支出する研究予算と特許収入との比率という観点から目標を設定している。

もちろん比較の対象は他社とは限らない。自社の成功と失敗を比較することもできる。そして「この違いの原因は何か」を問い続けなければならない。

人工衛星、ミサイル、ジェット機関係のある計器メーカーでは、プロジェクトごとにあまりに業績が違っていたため、技術にはあまり詳しくない新しい社長を迎えて、何とかしようとした。

プロジェクトごとの業績のばらつきの原因はすぐにはわからなかった。電子機器では、大成功と完全な失敗が同居していた。それは誘導機器でも光学でも同じだった。各々の責任者についても分析したが、答えは出なかった。同じ人間が成功したり失敗したりしていた。

しかしプロジェクトを一つひとつ調べた結果、原因が明らかになった。契約期限のきついプロジェクトでは常に成功していたのである。すなわち同社に特有の能力は、時間的圧力のもとでの仕事ぶりにあった。そのようなときにのみ大きな成果をあげるチームが自然に編成されていた。対して、何の圧力もないときには、誰も契約やプロジェクトを気にかけてもいないかのようだった。

しかも、皮肉なことには、大学のような学術的な雰囲気をつくろうという意図から、それまでマネジメントは、時間的な圧力のないゆとりある契約を政府機関からとろうと努力し、しかもその獲得に成功してしまっていた。

最後に、上得意の顧客に対し、わが社は他社にできないどのようなよい仕事をしているかを聞かなければならない。顧客が常に答えを知っているわけではない。しかし、いかにとりとめのない答えであったとしても、どこに正しい答えを見つけるべきかは明らかになる。

知識の現実

これまで述べてきた例は五つの基本的なことを教えている。

第一に、事業に特有の知識についての意味ある定義はきわめて簡単、あきれるほど簡単である。人というものは、常に、あまりに当たり前でほかの者にも容易にできるに違いないと思うようなことで優れている。「学殖《がくしょく》と意識しているようなものは、学問ではなくて衒学《げんがく》にすぎない」との昔からの言葉は、企業の知識についてもいえる。

しかし第二に、知識の分析には訓練を必要とする。

最初の分析では、如何ともしがたい一般論が答えとして出されるかもしれない。わが社の事業は通信である、輸送である、エネルギーである。これでは、営業の全国大会のスローガン止まりである。意味ある行動に転化のしようがない。そのようなあまりに一般的なセリフは、せいぜい繰り返して叫ぶ以外のいかなる行動ももたらしてくれない。

これとは逆に、自社のもつ知識として、自然科学に関する全二四巻の百科事典、および自社のもつ機能として、全部門の活動についてのハンドブック一式が、答えとして出されるかもしれない。

もちろん、マネジメントの仕事に携わる者はすべて、企業の全部門とマネジメントの基本を知らなければならない。また、自社の事業と関係あるすべての知識、電気工学や薬学の基本、あるいは、出版社の場合にはベストセラーの基本についても理解しなければならない。

しかし、あらゆる知識において卓越することはできない。おそらくはあらゆる情報について並に知ることさえもできない。

自社に特有の知識を明らかにする試みは、繰り返しによって、やがて容易になり、報われるものとなる。わが社に特有の知識は何かという問いほど、マネジメントをして自らを客観的、徹底的かつ前向きに見つめさせるものはない。この問いに対する答えほど重要なものはない。

第三に、知識は減しやすい。それは常に再確認し、再学習し、再訓練しなければならない。自社に特有の卓越性は常に強化していかなければならない。しかし、そもそも自社の卓越性を知らずしていかにしてそれを維持強化できるか。

第四に、あらゆる知識がやがては間違った知識となる。あるいは単に陳腐化する。したがって常に、「ほかにいかなる知識が必要か。何か違う知識が必要か」を問わなければならない。

――日本のある成功している化学品メーカーの社長は、自社の幹部一人ひとりに対し、半年ごとに「この能力によってリーダーシップを維持しているという前回の結論は、最近の経験でも実証されているか」と聞くことにしているという。

　この社長はそれぞれの市場や顧客について、自ら一つひとつの製品の実績を分析し、前回の分析から得た予測や期待と実際の経験が合致しているかどうかを見ていた。

　しかも、研究担当役員から経理担当、人事担当の役員にいたる全経営幹部に対し、同じ分析を行うことを命じている。そのうえ、この知識分析に、年四回、三日間ずつ開かれる経営会議の一日を充てている。

　こうして彼は、ニッチ分野の中小企業を、一〇年足らずのうちに世界有数の大手化学品メーカーにまで成長させた。その秘訣は、知識の有効性とニーズについての絶えざる点検だったと確信している。


最後に、いかなる企業も、多くの知識において同時に卓越することはできない。ほとんどの人間と同じように、ただ一つの領域において、単に有能であることさえ難しい。これは、ほとんどの企業が生き残るだけでもやっとであり、かろうじて脱落を免れているにすぎないということを意味している。このことは、数字からも明らかである。新たに設立される企業一〇〇社のうちほぼ七五社が、マネジメントの失敗を主たる原因として五年以内に倒産している。

　多くの領域において卓越することはできない。しかし、成功するには、きわめて多くの領域において並以上でなければならない。いくつかの領域において有能でなければならない。一つの領域において卓越しなければならない。

市場が経済的な報酬を与えてくれるような真の知識をもつためには、集中が必要である。

わが社の知識は卓越しているか

知識分析においても、マーケティング分析と同じように、いくつかの診断のための問いが必要である。

(1)「わが社は適切な知識をもっているか。わが社の知識は成果があがる領域に集中しているか」

これに対する答えはマーケティング分析に求められる。適切な知識とは市場での機会を開拓するうえで必要となる知識である。

「わが社は、市場においてリーダーシップを握るうえで必要な知識、市場が卓越性を評価する領域において報酬を得るうえで必要な知識をもっているか」

自社の知識が、市場においてまったく不適切だと知る例は少ない。そのような企業は、知識分析に取りかかるはるか前に倒産しているはずである。しかし、自社に特有の知識が市場にとって十分なものでないということは十分ありうる。

新しいことを学ぶ必要性は大きい。例えば製紙メーカーは、最先端の高分子化学を知らなければならないかもしれない。コンピュータが登場したとき、ＩＢＭのパンチカードの営業担当者はまったく新しい世界のまったく新しい言葉を学ばなければならなかった。時には知識の重点を変える必要もある。事業の中核的な知識であったものを従属的な知識に落とさなければならないこともある。

鉄鋼業では、過去二〇年の間に、中核的な知識が、鉄鋼の生産から鉄鋼のマーケティングに移っている。冶金学の進歩とともに、鉄鋼の生産は、神秘的な錬金術から設備に生産させることに変わった。鉄鋼生産の技術が重要でなくなったということではない。鉄鋼の生産において、他社よりも卓越することが困難になったということである。

これに対して、鉄鋼のマーケティングは、外部の世界における経済的、技術的多様性の進展と、製品ミックスの多様化の結果、主たる仕事が単なる売上げトン数の増大であった頃よりも無限なまでに重要になっている。

知識が知識であり続けるためには進歩していかなければならない。

知識は、陸上競技の世界記録に似ている。世界記録は何年もの間変わらない。そしてあるとき、一人の選手が、一マイルを世界記録よりも少しばかり速く走る。あるいは一人の選手が棒高跳びで少しばかり高く跳ぶ。すると突然ほかの選手が続いて快挙を成し遂げ新しい次元が始まる。ある人間にできたことはほかの人間にも必ずできる。そしてこのことは特に卓越性につ

いていえる。

(2)「わが社は貢献している知識に対して報酬を受けているか」

さらに、自らの知識がいかに効果的に使われているかについての問いが必要となる。

このことは、必ずしも、顧客に貢献している知識について、直接代金を請求しなければならないということではない。

IBMは、コンピュータという製品について代金を請求している。しかし、IBM自身もその顧客も、知識が重要なのであって、製品ではなくサービスが購入されていることを知っている。事実、この認識こそ、遅れてしかも渋々参入してきたIBMが、はるかに技術力をもっていた先発のメーカーから市場におけるリーダーシップを奪うことのできた原因である。

(3)「わが社の知識は、わが社の製品やサービスに十分組み込まれているか」

ある化学品メーカーは高分子化学に関する基本的な知識を最大の知識としてもっている。しかしこのメーカーの高分子化学製品の九〇%は、その知識の恩恵をまったく受けていない。このメーカーでは、顧客が利用を期待している科学的、技術的知識をまったく使わずに、昔からの試行錯誤的な方法で製品をつくっている。

(4)「いかにして知識の利用法を改善できるか、そこにおいて欠けているものは何か。欠けている知識はいかにして手に入れるか」

商業銀行のほとんどは、データ処理に関する自らの知識が、利益をあげる事業に結びつくかもしれないということをまだ理解していない。商業銀行は、情報やデータ処理なしに事業をするには大きすぎ、かつそれらの設備をもつには小さすぎるという中小企業のために、事務処理のサービスを提供できるかもしれない。

もう一つ例を挙げるならば、防衛・宇宙産業の大手メーカーは、政府予算の頭打ちに対処するために、そのシステム・マネジメントの知識を、海洋開発や病院経営に適用できるかもしれない。

このような知識分析の結果は、これまで見逃してきた市場や、過小に評価してきた市場における機会を知るためにも、既述のマーケティング分析にフィードバックしなければならない。

そして逆に、マーケティング分析の結果も、新しい知識や知識の変化の必要性を知るために知識分析に反映させなければならない。

第8章❖これがわが社の事業である

診断の再点検

これまでに大要を明らかにしてきた四つの分析から、企業のマネジメントは、その経済的な機能の遂行に必要とされる自らの事業に対する理解を得ることができる。しかし、それら四つの分析は、いずれも、一つだけでは役に立たない。

(1)業績をもたらす領域についての分析（第2章）、利益と資源についての分析（第3章）
(2)コストセンターとコスト構造についての分析（第5章）
(3)マーケティング分析（第6章）
(4)知識分析（第7章）

これら四つの分析を総合して使うことによって初めて、企業のマネジメントは、自社について理

解し、診断し、方向づけを行うことができるようになる。

しかしもう一つ重要な段階がある。それは、(1)と(2)の分析によって事業そのものについて行った暫定的な診断を、(3)と(4)の分析によって再点検していくことである。その結果、時として、せっかくの企業診断を大幅に変更する必要が出てくる。確かに事実は正確に把握した。しかし、まだ本当に理解するところまでは把握していないという場合である。

例えばある製品は、その属すべき製品類型（第4章）を変えることが必要となる。非生産的特殊製品が、別の市場、別の流通チャネルでは、きわめて有望な製品であることがわかるかもしれない。逆に、暫定的な診断においては、堂々たる今日の主力製品、あるいは明日の主力製品と判断したものが、実はすでにそのライフサイクルの末期、あるいは末期近くにあることがわかるかもしれない。これらのことは、製品だけでなく、市場や流通チャネル、そして時には事業全体についてもいえる。


ある大手アルミメーカーは、アルミホイルの市場が飽和状態にあり、少ない売上げも精一杯のものと評価していた。このメーカーは、アルミホイルをほかの製品と同じように、生産財として扱い、設計技師や工業用資材のための流通チャネルに販売していた。しかし再度のマーケティング分析の結果、同社のマネジメントは、渋々ながらもこの事業が小売業、特にスーパーを顧客とする事業であることを認めざるをえなくなった。

そこで、この事業をほかの事業から切り離し、アルミについては何も知らないが消費財のマーケティングに詳しい者に任せた。数年後、この事業は当初の見込みを大きく超える売上げを達成した。アルミホイルについてはかなり遅れた新規参入者だったこのメーカーが、今日では全国市場で一位に迫っている。

ある小さな特殊化学品メーカーは、市場と知識の分類を変え、その結果製品についての診断を変え、企業戦略を変えて成功した。

その同族会社では、ほとんどあらゆる種類の染料を生産している大手化学品メーカーを主たる顧客として、繊維製品、特に綿製品の染料に必要な中間原料を生産していた。しかし、合成繊維が繊維の主流となるにつれ、市場と利益の縮小を感じ始めていた。

そこでマーケティング分析を行い、それまでの「わが社の市場はどこにあるか」ではなく、「そもそも市場はどこにあるか」との問いを発した。この問いから、綿製品および綿製品用染料の市場は縮小などしていないことが明らかになった。それどころか、合成繊維の市場よりも急速に拡大しつつあった。

ただしそれは、先進工業国ではなく中南米、インド、パキスタン、アフリカ、香港においてだった。そしてそれらの国が染料を輸入していた。すなわちこのメーカーの製品は間違った製品ではなかった。間違った市場に向けられていたにすぎなかった。

いまではこのメーカーは国際的な企業になっている。イスラエル、台湾、ナイジェリア、インドなどの途上国において染料の中間原料をつくっている。いずれの国においても、主たる資本リスクは現地の人たちが負っている。同社は長期契約のもとに、技術的な知識とマネジメントを供給し、技術指導料と資本参加による利益を得ている。

一方、知識分析の結果、アメリカ国内では事業内容を変えている。染料の中間原料を生産はしているが、染料の生産設備の設計と製造において急速に事業を拡大している。それこそまさに、同社のもつ染料の生産設備の設計と製造についての知識を十二分に利用する事業だった。

いずれにせよ、知識分析を行うまでは、自社がそのような能力をもち特に途上国にとっての貴重な資産をもっているなどということはまったく認識していなかった。


もう一つの例は、顧客の再定義が何をもたらすかを示している。


ある医療機器メーカーでは、マーケティング分析の結果、全製品を設計し直すことにした。それまでは、医師に受け入れられることが製品のリーダーシップと成功をもたらすと考えていた。そこで医師に対し自社とその製品を売り込むために、多くの時間と金を使っていた。もちろん、製品は医師から見た価値、効用、卓越性を基準に設計していた。その結果医師から高く評価されていた。だが病院への売上げは伸びなかった。

マーケティング分析が、医療機器を購入しているのは医師ではないことを明らかにした。購入しているのは病院の経営管理者だった。彼らは医師である場合も医師でない場合もあった。しかし病院を動かしているのは彼らだった。そして病院という複雑な組織を、何ら特別の訓練を受けていない給与の安い人たちを使って動かしていた。

彼らにとって卓越した医療機器とは、熟練した看護師や技術者の手を借りずにすむ機器であり、取り扱いに特別の訓練を必要としない機器だった。未熟練の者であっても患者や自分自身や機器に害を与えずに安全に操作できる機器だった。

こうしてこのメーカーでは、最終用途に製品の焦点を合わせることにした。したがって、医師に焦点を合わせた難しい機器から誰でも扱える機器に設計し直した。

そして同時に、優秀な営業担当者という稀少な資源の使い方も変えることにした。それまでは医師への売り込みにあたっていた。それらのコストは、コストの流れの中で最も生産的なものであるとみなされていた。逆に、病院職員に対する機器のプレゼンテーションのためのコストは、浪費的コストに近いものとされていた。

しかしいまや、医師への販売促進は、やめてこそいないが大幅に削減し、補助的コスト、あるいは市場をつくるためではなくせいぜい購入への反対を防ぐための活動（監視的コスト）と位置づけている。その代わり、病院の経営管理者や職員への販売促進、さらには教育訓練担当者との協力を大きな関心を寄せるべき本当の生産的コストと位置づけている。

ここに、サービス産業の例が二つある。

ある大手生命保険会社では、三〇代から四〇代の中産階級、若手の経営者や自由業の人たちのためにある新商品を開発した。保険会社の考えでは、その保険の魅力は、被保険者がそれぞれの家庭の状況やニーズに合わせて条件を変更でき、しかも保険料がかなり安いところにあった。しかし契約状況はほかの保険とあまり変わらなかった。

そこでマーケティング分析を行ったところ、何が悪いかが明らかになった。それまでは、見込客が家にいると思われる唯一の時間帯である夕方から夜にかけて営業活動をしていたが、客のほうはそのような時間帯に保険の話で時間をつぶすことを嫌っていた。一日の仕事のあとでは放っておいてもらいたかった。そのため営業担当者には説明の機会も与えられなかった。

だが、マーケティング分析は、そのような家の主婦は財政的な保障に大きな関心をもち、わが家の経済状況について夫と同程度は知っていることを明らかにした。しかも彼女たちは昼間の時間が空いていた。

いまではこの新商品は、電話や手紙であらかじめ時間をもらって、昼間主婦たちに説明し、あとは彼女たちに夫への売り込みを任せるという方法で好成績をあげている。

別の保険会社では、自動車、火災、家屋、家財、健康、傷害、生命保険などをすべて一つの基本契約に盛り込み、一人の営業担当者が一度に売るという完全な総合保険を発売した。しかしマーケティング分析を行ったところ、顧客にとっては、傷害保険と生命保険はまったく違うニーズに応える別の商品群に属するものであることが明らかになった。

いずれも名称が保険であるということは、保険会社や料率算定の専門家、州政府や州政府の保険監督官にとっては意味があっても、一般人にとっては意味のないことだった。

そこでその保険会社では、この総合保険を損害保険と生命保険の二つのパッケージに分割したところ契約が伸びたという。しかも最初から一緒になっていたら契約してくれなかったであろう人たちが、一方の保険を契約したあと他方の保険も契約してくれた。

さらに、生命保険のパッケージに、保険ならざるもの、すなわち投資信託を付加したところ、契約はさらに伸びた。生命保険は顧客にとっては金融商品だった。投資信託は生命保険との組み合わせに適していただけでなく、生命保険に投資プランの意味をもたせたのだった。

この保険は非常な成功を収めた。数年後にはシアーズ・ローバック傘下のオールステート保険など六社が、この投資信託付き生命保険を発売するにいたった。

これらは、再分類や定義の話ではなく、実際の行動の例である。しかしそれらの行動は、マーケティング分析や知識分析によって事業の暫定的診断を再点検した結果もたらされたものだった。

わが社に欠けているものは何か

現在行っていることの解釈よりもさらに重要なことは、当然行っているべきであるにもかかわらずまだ行っていないものの発見である。ここにおいても、マーケティング分析と知識分析を事業診断に重ねることによって、何が欠けているかを明らかにする。

製品、市場、流通チャネルなど成果をもたらす領域には、常に、三つの種類の欠けたものがある。それらはあらゆる企業に欠けているといってよい。

一つ目の欠けているものは、全盛期を過ぎたものに代わるべきものを開発する努力である。製品だけではない。市場、最終用途、流通チャネルについてもいえる。新しい市場や新しい流通チャネルの開発は、新しい機器の開発と同じ意味における開発である。それは、機器の開発と同じように知識、作業、資金を必要とする。

二つ目の欠けているものは、機会と成功の追求である。

ある機器メーカーで行ったマーケティング分析は、そのメーカーの主力製品がある生産財市場では高く評価されているものの、さして売れていないことを明らかにした。他方、競争相手の製品は品質が劣るうえに値段も高かったが売れていた。その機器をほかの機器に接続させる伝導装置付きで売っていたのが成功の原因だった。機器本体では遅れていた競争相手は、伝導装置を中心にその機器を再設計していた。

一方当該メーカーでは、なぜかは誰にもわからなかったが、営業部門がその機器の対象産業には伝導装置は必要ないものと思い込んでいた。

同じ見落としはあらゆる企業にある。マネジメントも全能ではない。したがって、自らの目を養うための体系的な努力がなければ、最も明白なことを見落とし、最も明確な兆候を見誤る。

流通チャネルに欠けたものがある場合もある。売るべき商品やサービスはある。そしてその販促進を行う。見込客を説得する。しかし彼らがいざ買おうとするとき、彼らが買い物するところでは手に入らない。流通チャネルが顧客のところまで届いていない、あるいは途中で詰まっている。製品やその提供の仕方を変えたときには、流通チャネルを徹底的にチェックしなければならない。そして逆に、例えば第二次世界大戦以降のアメリカ経済における大量小売方式への急傾斜のように、流通チャネルが変わったときには、必ず、製品、製品ライン、顧客、市場、最終用途をチェックしなければならない。

三つ目の欠けているものは、知識である。

- 「本当に重要な新しい知識として何を取得する必要があるか」
- 「現在の中核的な知識の何を向上させ、最新のものとし、進歩を図る必要があるか」
- 「わが社の知識のどこに再定義の必要があるか」

ほとんどの場合、最初の二つの問いの重要性については明らかである。通常、見落とされるのは、最後の問いである。しかしこれは最も重要である。

製紙メーカーにとって、印刷業界についての知識、印刷会社へのサービス、印刷業への理解は、必要なマーケティング知識である。しかし製紙メーカーが、事務用コピー機をもつコピー

用紙の消費者に対しマーケティングを行うためには、そのマーケティング知識をコピー市場の知識やグラフィックアート市場の知識に変える必要があるかもしれない。

そのためには新しいことをいくつか学ばなければならない。なぜならば紙が付随的な消耗品にすぎないという一般企業は、紙が最も高価で基本的な材料である印刷業者とはまったく異なる購買の仕方をするだろうからである。

しかし、重要なことは知識の明確な再定義である。さもなければ、昔からの知識のうち新しい市場に適用できるものまで利用し損なうということがありうる。そしてその結果、現在のリーダーシップを捨てることになるかもしれない。

こうして、自らの企業についての分析の終点まで到達したからには、自社の事業が何であり、何をしており、何をできるかを理解できるはずである。すなわち次のことについて意思決定を行うことができるようになっているはずである。

- 製品やサービスが提供しようとする顧客の満足。自社の製品やサービスが満たすべき顧客のニーズ。事業が対価を期待しうる顧客への貢献。
- 望ましい貢献を果たすために卓越性をもたなければならない知識の領域。事業の存続と繁栄のために必要な卓越性の領域。必要とする人材。
- 際立った価値を提供すべき顧客、市場、最終用途。そして、それらの顧客、市場、最終用途に到達するために開拓し、かつ顧客としても満足させるべき流通チャネル。

- これらの目標を具体化すべき技術、プロセス、製品、サービス。
- 成果をもたらすあらゆる領域におけるリーダーシップ。

マーケティング分析と知識分析は、業績をもたらす領域、利益、資源についての分析や、コストセンター、コスト構造についての分析と重ねられるとき、新しい事実を明らかにする。

それだけではない。経営者をして「これがわれわれの事業である」というる識見、「これがわれわれの事業のあるべき姿である」といいうるビジョン、そして、「これが現在の姿から、あるべき姿への移行のための道筋である」といいうる方向性を与える。

P. F. Drucker Eternal Collection 6
Managing for Results

Part: II

第II部

機会に焦点を合わせる

第9章❖強みを基礎とする

三つのアプローチ

事業とその経営状況を分析すれば、常に、事態は想像以上に悪いことが明らかになる。

例えば、自慢の製品が、昨日の主力製品、ないしはマネジメントの独善的製品だった。あまり注意していなかった活動が実は大きなコストセンターであり、競争力を危うくするほどに負担になっていた。品質と信じてきたものが、顧客にとってはほとんど意味のないものだった。重要な知識や価値ある知識が成果をあげられるところで適用されていなかったり、何の役にも立たないところで適用されていたりした。

そのようなわけで、分析が終わったあと、「一日の危機は一日にて足れり」として元のその日暮らしに戻ることを望んだ経営者を私は何人も知っている。しかし、まさに重要で困難な問題があまりに多いからこそ、単純な中小企業であっても、その日暮らしではマネジメントは不可能となる。しかも退化こそ日常の状況である。したがって目的意識に基づく体系的な計画が不可欠となる。

ほとんど際限のない課題を管理可能な数にまで減らすことが必要になる。稀少な人材を最大の機会と最大の成果に集中し、少数の適切なことを卓越性をもって行うことが必要になる。事業を成功させるには三つの保証済みのアプローチがある。

(1)利用しうる市場と知識から最大限の成果をあげるべく、あるいは、少なくとも、長期的に見て最も有利な成果をあげるべく、「理想企業」のモデルからスタートする。
(2)最大の成果をあげるべく、「機会」の最大化を図る。
(3)最大の成果をあげるべく「人材」の最大利用を図る。

経済史上、偉大な企業の興隆は、この三つアプローチによっている。

(1)理想企業のモデル——GMの興隆

理想企業のアプローチの例は、世界最大の自動車メーカーであるにとどまらず、世界最大のメーカーとなったGMの興隆である。GMの組織を再設計し、その後ほぼ三〇年にわたりCEO(最高経営責任者)としてその後のGMを築いたアルフレッド・P・スローン・ジュニアが、その間の事情について『GMとともに』[1]という本を書いた。

彼が一九二一年の景気後退時にマネジメントを引き継いだとき、GMは崩壊寸前だった。一つの車種しかもたないフォードが市場の六〇%を占めていた。これに対し、八つの車種をもつGMは、市場の一二%を占めるにすぎず、はるか離れた二位の座にあった。八つの車種のうち二つだけが利益をあげ、ほかの六つは赤字だった。赤字であるだけでなく市場も失いつつあった。

スローンは、理想的な自動車メーカーとはどのようなものかを考えた。そして彼は五つの車種に市場をカバーさせるという構想を描いた。しかしこの構想に合う手持ちの車種はビュイックとキャデラックだけだった。そこで彼は、三つの車種を完全に放棄し、残りの三つの車種を車名だけ残し、まったくの新型車に変えることにした。

実際のところ、スローンは、トータル・マーケティング・アプローチなるものを、その言葉が生まれる三〇年前に行ったのだった。

彼は、自動車のマーケティングを変え、顧客へのアプローチを変えた。彼は、五つの車種をそれぞれ、価格と性能によって市場に位置づけた。各車種は、一つ下の価格帯の車種の最も価格と性能が高い車、および一つ上の価格帯の車種の最も価格と性能が低い車と競争関係に立つように設定した。

また、最も低価格の車種が、フォードのT型よりも若干高いだけで、外観の点でも性能の点でもT型を上回るものとした。中価格車を購入できる顧客には中価格帯の外観と性能を備えた低価格車を用意するとともに、若干の追加支出によって豪華車に近いものを手に入れられるようにした。

こうしてGMの新しい五つの車種は、それぞれ別の価格帯の車としてそれぞれの市場においてリーダーシップを握るべく設計された。しかも五つの車種はそれぞれの価格帯の上下の車種と互いに競争することになった。スローンは、挑戦のない成功のもろさを知り、五つの車種すべてについて自ら強力なライバルをつくった。

この構想によってGMは、五年を経ずして抜群の利益をあげる圧倒的存在の自動車メーカーとなった。しかも第二次世界大戦後巻き返しに転じたフォードがとった戦略が、このスローンの構想の徹底であり、スローンの思想と戦略のもとに育ったGM幹部の引き抜きだった。

一九二〇年代初期において、スローンの構想はあまりに急進的だった。GMの同僚に受け入れられるのにさえ数年を要した。それは当時のあらゆる常識に反していた。当時自動車市場は、大量生産の安い車を求める大衆車市場と、価格は高くとも台数の限定された高級車を求める高級車市場に二分されるものと考えられていた。

しかしスローンは、自動車のユーザーは基本的にはみな同じであって、性能がよく、価格が安く、乗り心地がよく、格好のよい車、しかもモデルチェンジがあり、下取りに出しやすい車を求めていると判断した。

スローンは、フォードと同じことをして、あるいは同じことをフォード以上に行うことによってライバルを抜こうとはしなかった。フォードのようにモデルチェンジのない標準化された安い車をつくることはしなかった。

しかも彼は、一年物の中古車によって、T型フォードを陳腐化させた。GMの最低価格帯車の一年物中古車は、その実用性においてT型に匹敵するだけでなく、より高級な外観と性能を備え、しかもより安かった。

それまで中古車市場は、自動車メーカーにとって厄介物だった。しかしスローンは、中古車市場こそ大衆市場であるとした。新車を買った客が、一、二年後には簡単に転売できるように車を設計し、販売とサービスを行った。

彼はまた、中価格車市場では価格はさほど重要ではないと考えた。ステータスを表すものとしての車の役割が大きいとした。そのため、一定の継続性のある個性的なスタイリングによってそれぞれの車種に顧客を結びつけることを目指した。例えばビュイックは、そのスタイル、価格、販売方法、販売促進を通じて、一貫して、成功した自由業の人々の車であるとした。

最高級車については、スローンは、大量生産できるほどに大量に販売できる最高級車とはどのようなものかを考えた。そのような考えもまた独創的であるだけでなく、異端的だった。最高級車なるものは、生産量が少なく、価格の高い手づくりの工芸品でなければならなかった。事実、それまでGMのキャデラックはそのような車として成功していた。

しかしスローンは、せっかく利益をあげていた手製のキャデラックの生産を中止し、流れ作業の大量生産のキャデラックに代えた。価格を引き下げ、性能を上げ、ロールスロイスに次ぐ車とした。数年後には、シボレーが低価格帯の標準車として位置づけられた。しかしこのようなスローンの構想は、天才のひらめきによるものでも、時間をかけた数学的なモデルや複雑なコンピュータの計算によるものでもなかった。

もちろんスローンは、GMの経営を引き受けるにあたって自動車市場について研究はしていた。しかし、それまでの彼の直接の関心は、自動車そのものではなく部品だった。しかも、自動車市場を研究はしたものの、スタッフを大勢使ったわけではなかった。何人かの役員を集めて小さな委員会をつくり、ひと月ほどかけて検討しただけだった。市場を見て、社内の役員やディーラーにいくつかの質問をしただけだった。

大きな意思決定と行動のためには、短期のかなり簡単で大づかみの検討で十分である。分析も通常の手法で十分である。もちろん、検討を容易にするものであるならば、複雑な手法を使うこともできる。

こうしてつくられたスローンの構想も、完全な実現には年月を必要とした。例えば、ポンティアックがスローンの構想に沿った車になるには一五年を要した。しかし基本的には、スローンの構想は直ちに成果をあげた。そしてこの成果の早さこそ、理想企業のアプローチ、すなわち市場が望む企業というアプローチの特質である。

(2) 機会の最大化——最初のイノベーター

第二のアプローチは、最大の経済的効果をもたらす機会は何かを考えることから始まる。

機会の最大化のアプローチの最もよい例は、電機産業をつくり出し、今日の電気社会を生み出した二人の人間、ドイツのヴェルナー・フォン・ジーメンス（一八一六〜九二年）と、アメリカのトーマス・A・エジソン（一八四七〜一九三一年）に見ることができる。

彼らが人間社会に対して与えた影響は、フォードやスローンよりもさらに大きかった。ジーメンスは実用の発電機を発明した。電機産業を発明したといってもよかった。エジソンは電球を発明した。電力産業と電灯産業を発明したといってもよかった。

二人は誰よりも多くの技術開発を行った。同じ発明に取り組んでいた者はほかにもいたが、新しい大きな産業を構想し、築き上げたのは彼らだった。

彼らは、自分が何をしているかを承知していた。電気の分野での科学上の発見、特にあの偉大なファラデーの発見によって開かれた新しい道に夢中になったのは、彼らだけではなかった。しかし彼ら二人だけが、この新しい知識がいかに大きな機会をもたらすか、そしてその経済的機会を実現するにはいかなる発明や開発が必要かを自問した。

ジーメンスは、発電機を発明した結果として電車を開発したわけではない。彼は、市内交通としての電車という産業を構想し、そのための動力源として発電機を開発した。同じようにエジソンも、実用電球を発明した結果、発電所や変電所や配電システムを完成したのではない。総合的な電力供給という産業を構想し、そこに欠落していた電球を開発した。

換言するならば、二人はイノベーターだった。新しい知識や能力にとっての機会、すなわちイノベーションの機会を体系的に明らかにした。そして、その新しい知識や能力や技術を手に入れるために働いた。彼らは最初の真のシステム・デザイナーだった。

彼らは、長期にわたって生産的な活動を続けたが、三〇歳の頃には大きな成功を収めていた。単なる新しい機械や設計ではなく、新しい産業を生み出していた。彼らは、電気からいかに機会が生じるかを問うことによって、経済的な機会を最大にした。

ただし、日本の近代工業国としての発展からも明らかなように、機会を最大のものにするためには必ずしも技術上のイノベーションを必要とはしない。

非西洋の国として最初に近代経済へと転換した一八七〇年から一九〇〇年にかけての日本は技術上のイノベーションを自ら行うことはできなかった。緊急の課題は社会上のイノベーションだった。すなわち日本は、独自の文化と伝統と社会構造をもつ非西洋の国として、いち早く西欧の技術と経済を受け入れるための制度をつくらなければならなかった。

当時の経済発展の担い手となった同族企業群たる財閥は、常に機会の最大化を目指した。財閥は、経済発展段階において、いかなる産業が自分たちにとって最大の機会をもたらすかを考えた。その答えが海運、生命保険、繊維だった。

そしてそこから、社会的なイノベーションが必要な領域を明らかにした。それが例えば日本の伝統的な人的、社会的関係を近代工業生産に必要な規律に融合させた日本独自の企業組織だった。

日本が、非西洋のいかなる国も行うことのできなかったこと、すなわち社会的変化と政治的変動を最小にとどめつつ急速な経済発展を実現できたのは、機会の最大化に焦点を合わせたためだった。

小売業の雄であるシアーズ・ローバック、イギリスのマークス・アンド・スペンサーも、最大の経済的成果がもたらされる機会は何かを自問した。

両社の経験を見るならば、機会の最大化を図るアプローチは数年ごとに答えが変わるという点で動的なことがわかる。前述の理想企業のアプローチがひとたび設計されて成功すれば、かなり長期にわたって通用するという特徴をもっているのとはきわめて対照的である。

(3) 人材の最大利用――ロスチャイルド家の成長

第三のアプローチは人材の最大利用である。このアプローチについてはロスチャイルド家の例が最も教訓的である。

ロスチャイルド家の発展は、当然のことではなかった。一七九〇年代の後半、ロスチャイルド家の基盤を築いたマイヤー・アムシェル・ロートシルトは、地方小都市の一介の金融業者であって、国際金融の中心地では名も知られていなかった。しかしそのわずか二〇年後、ナポレオン戦争が終わる頃には、ロスチャイルド家は、ヨーロッパ随一の金融機関となり、フランス、ロシアなどの大国と肩を並べ、群小の君主を見下すほどの地位を得ていた。

短期間にロスチャイルド家を成功に導いたのは、同家の最大の資源すなわちその人的資源の最大利用にあった。ロスチャイルド家では四人の子供、ネイサン、ヤーコプ、アムシェル、サロモンが最大の資源だった。彼らの父親あるいは母親が、この四人のそれぞれに対し、それぞれの才能や性格に最も適した機会、すなわちそれぞれが最大の貢献を行える機会を与えた。

四人のうち、ネイサンは最も有能で、大胆かつ創造力に富んでいた。しかし彼は、無骨で横柄に見えるところがあった。彼はロンドンに行かされた。当時ロンドンは、作法などまるで意に介さない攻撃的な金融家たちによって連日熾烈な戦いが行われている、世界最大の競争的な金融中心地だった。

ヤーコプはパリに行かされた。パリは、当時すでにヨーロッパ大陸最大の資本市場だった。しかも最も策略に満ちたところだった。バルザックの小説に描かれた金融界の謀略は本当の話だった。いたるところに競争相手や政府のスパイがいた。本来金融は政治的な事業だった。

しかも、当時のパリでは、社会的、経済的な変動が風土となっていた。革命、テロ、ナポレオン、王制復古と続いていた。ロスチャイルド家よりもはるかに強大な金融の巨人が破滅していった。そのようなパリこそヤーコプにとって適所だった。彼は、パリ以外のどこにも合うはずのない人間だった。策に長けた政治的な戦略家だった。

サロモンはウィーンに行かされた。彼は礼儀正しく、尊大なまでに威厳があり、かつ忍耐強かった。ウィーンでの金融とはハプスブルク家との取引を意味した。彼の唯一の得意先が遅疑逡巡、優柔不断、儀礼と自尊のハプスブルク家だった。

そして、勤勉で誠実なアムシェルには、ロスチャイルド家の総支配人として、ロスチャイルド家にとっての本拠地フランクフルトが割り当てられた。アムシェルはもともと金融の管理的な分野を好んでいた。彼は、兄弟たちに自筆の手紙で情報を提供した。彼が築き上げた膨大な情報網は、ロスチャイルド家に対し、新聞や郵便や電信のない時代において、世界情勢についての信頼度の高い情報を独占的に与えた。

だが彼の最大の貢献は人事の分野においてだった。彼の訓練したドイツ系ユダヤ人の子弟は、やがてロスチャイルド家の腹心の書記、支配人として事業の基盤となった。

しかし、ロスチャイルド家が使わなかった人材のほうがさらに参考になる。

第五子のカルマンには、いかなる経済活動の機会も与えられなかった。彼は、いかなる事業も関係のないナポリの貴族、すなわちロスチャイルド家やその財産に対しいかなる損害ももたらしえないところへ送られた。もしカルマンに機会を与えるつもりなら、いくらでもあったはずである。ハンブルクやアムステルダムにはロスチャイルド家の者を置くだけの価値があった。大西洋の向こう側には成長しつつあるアメリカがあった。しかしロスチャイルド家の基準からは、カルマンには必要とされる能力も勤勉さもなかった。

人材の最大利用というアプローチにおいては、最も重要な原則は人材ならざるもの、すなわち凡庸なる者に機会を任せてはならないということである。そもそも凡庸な者には機会を利用することはできない。しかも機会にはリスクがつきものである。凡庸な者に機会を任せるよりは害をもたらさないように貴族として扶養したほうが安上がりである。

これらの例において重要なことは、GMやエジソンやロスチャイルド家が、強力かつ偉大な存在になったということではない。ほとんど無から出発していたということである。

一文なしのプロシア軍士官ジーメンス、学歴がなく耳の悪い使い走りのエジソン、偏見に満ちた傲慢な貴族社会における田舎の洗練されざる、しかもユダヤ人のロスチャイルド家、そして一八六〇年の遅れた日本は、すべて体系的なアプローチをもって無から出発していた。GMですら、一九二〇年当時すでにかなりの大企業ではあったが、フォードに比べればはるかに差をつけられ、かろうじて二位の座にあるにすぎなかった。

確かに、体系的なアプローチなしでも、ジーメンスやエジソンは傑出した発明家となり、ロスチャイルド家は有名な金融業者となり、ＧＭは大企業になったということはできる。しかし、それぞれの世界において、彼らにリーダー的な地位を与えたのは、時代と環境がもたらしてくれた機会に自らの能力を適用するうえで彼らが使った体系的なアプローチだった。

これら三つのアプローチには、共通するものが一つある。それは強みを生かすことである。問題ではなく機会を求めることである。避けるべきリスクではなく実現すべき成果に重点を置いたということである。

実は、この三つのアプローチは相互に補完的である。それぞれのアプローチが、それぞれの機能と目的をもっている。したがって、これらのアプローチを総合して利用することにより、本書で述べてきた分析による洞察を効果的な行動へと変えることができる。

第一に、「理想企業の設計」によって方向性を決定することができる。基本的な目標を設定することができる。さらには成果を評価するための基準を設定することができる。

第二に、「機会の最大化」によって、昨日の企業を今日の企業へと変え、明日のための挑戦に対する準備を行うことができる。現在の活動のうち何を推進し何を放棄すべきかを知ることができる。さらには、市場における成果や、知識を増大させるものが何であるかを明らかにすることができる。

第三に、「人材の最大利用」によって、事業についての分析結果を行動に移すことができる。人材を優先度の高いものに集中することによって最大の成果をあげることができる。

理想企業の設計──目標と時間

理想企業の設計によって、企業活動の方向を設定することができる。と同時に、活動と成果の双方について目標を設定することができる。

理想企業を設計した場合には、現実の成果による検証というフィードバックが可能となる。したがって、たとえ当初に描いた理想企業に近づいていても、利益率の上昇が止まったならばその理想企業の設計そのものの再検討が必要だということになる。

理想企業の設計そのものが、陳腐化してしまったのかもしれない。最高の設計といえども、永久に有効ではない。スローンの設計は、異常なまでに長期にわたって有効だった。一九五七年のフォードによるエドセルの失敗まで三五年間有効だった。

フォードは、第二次世界大戦後スローンの設計を導入して再建に成功した。そしてエドセルこそ、スローンの傑作たるＧＭを模倣した、フォードのモデルだった。

理想企業の設計において重要なことは「現在」の意味である。「現在」は個々の具体的な状況によって大きく変わる。

よい例が、カーチス・ライト社とマーチン社という航空機産業の二社がたどった道である。カーチス・ライト社は一九四〇年代の後半、アメリカ第二の航空機用エンジンメーカーとして、民需、軍需ともにリーダー的な地位を確立し、受注残も多く財務状況も良好だった。マーチン社は特徴のない機体メーカーとして、借金も多く将来性もない衰退しつつある戦時企業だった。

ところが、マーチン社では、新任のトップマネジメントがシステム技術の開発を決定し、そのための「現在」を八年ないし一〇年と定義した。それよりも短期では、研究開発のための期間として意味がなく、費用の回収も不可能だからだった。すなわち同社は、一九五〇年のマーチン社とは違ったもの、航空機メーカーではなく、宇宙開発関連メーカーに脱皮しようとした。

これに対し、カーチス社は、そのような分析は行わず、第二次世界大戦直後のまま、設計よりも生産に重点を置き続けた。カーチス社の「現在」は一年ないし二年だった。その結果同社は、業界一とも思われるほどの研究開発投資を行ったにもかかわらず、一〇年後には、存在していないも同様の企業になってしまった。「現在」の定義が、二年以内に採算のとれないプロジェクトをすべて没にしてしまったからだった。同社の研究開発プロジェクトは、何一つ大きな成果をあげられなかった。

対照的にマーチン社は、さほど多くもない研究開発投資によって、宇宙開発機器メーカーとしてリーダー的な存在へと変身した。

同じように、市場にも「現在」という期間、すなわち市場における成果という観点から意味をもつ時間的長さというものがある。

一九二〇年代半ばにはGMは、自動車市場における「現在」を五年としていた。一年はよい年、三年はまあよいという年、あとの一年は悪い年だった。これは中古車市場の事情によるサイクルだった。GMはこの五年というサイクルに合わせて投資、業績評価、研究開発を行った。

そして投資は、GM自身の公式の数字によれば、この五年という期間における平均予想操業度八〇％の場合の予想利益率によって決定していた。この予想利益率が小さい場合、あるいは平均予想操業度が八〇％以下の場合は、投資を認めなかった。

同様に研究開発も、小さな設計変更や基礎研究を除き、最短三年、最長五年と設定していた。

これらの例が示すように、自社や産業にとっての「現在」という期間の決定が、いかなる活動を行うかを決定する。この「現在」の期間よりも短い期間に成果をあげようとする活動は、時間と人材や資金の浪費である。逆にカーチス社のように、あまりに「現在」の期間を短いものにし、その期間を超える活動をすべて禁止することは、不毛の宣告である。

理想企業の実現のための最善の方法は、大きな輪郭を描いてその実現に着手したあと、順次に修正と改善を行っていくことである。そのようにしなければ、書き直し、練り上げ、洗練しているうちに設計そのものが陳腐化する。

重要なことは早く大きな成果をあげることである。事実、理想企業のビジョンに向かって進み始めるや、成果の向上のほとんどが実現される。したがって、最初の一歩は大きなものとしなければならない。

機会の最大化——昨日の企業から今日の企業へ

機会の最大化とは、理想企業の実現と、その最大の成果の迅速な実現に向け、大きな一歩を踏み出すことである。

現在の事業についての分析結果を基礎として理想企業を設計するにあたっては、あらゆる製品、市場、流通チャネル、コストセンター、活動、努力を三つの類型に分けなければならない。

- 異常なほど大きな成果の機会が存在するために推進すべき優先的領域。
- 意図的に廃棄することに機会を見出すべき廃棄の優先的領域。
- 推進も意図的な廃棄も、さしたる成果をもたらさないという製品、市場、知識に関わる膨大な領域。

廃棄することに機会を見出すということは、奇異に聞こえるかもしれない。しかし、古いもの、報われないものを意図的かつ計画的に廃棄することは、新しいもの、有望なものを追求するための前提である。まさに廃棄は、資源を解放し、古いものに代わるべき新しいものの探求を刺激するがゆえに、イノベーションの鍵である。

推進すべき優先的領域と廃棄すべき優先的領域は相互補完の関係にあり、同じように高い優先度をもつ。

推進すべき優先的領域の発見は容易である。それは、成功すればコストをはるかに超える成果がもたらされる領域である。それらの領域は、理想企業の設計に合致する製品や市場である。

GMの経験がよい例である。一九二一年当時、利益をあげ市場においてリーダーシップをもっていたのはビュイックとキャデラックだけだった。この二つの車種だけが、八つの車種のうちスローンの理想企業の設計に合致していた。

推進すべき優先的領域は、次のようなものである。

- 明日の主力製品とシンデレラ製品。
- 明日の主力製品に明後日取って代わるべきもの。
- 新しい重要な知識。
- 流通チャネル。

これらの優先的領域に対し、資源が過剰に供給されていることは稀である。したがって問題は、資源の投入が多すぎるかではなく、成果をあげるために十分かである。

廃棄すべき優先的領域もまた通常きわめて明らかである。

- 独善的製品と非生産的特殊製品。
- 不必要な補助的コストと浪費的コスト。
- 昨日の主力製品。昨日の主力製品は、たとえまだ利益を生んでいたとしても、間もなく明日の主力製品の導入と成功に対する障害となる。昨日の主力製品は、廃棄しなければならなくなる前に廃棄すべきことはもちろん、まだ廃棄したくないうちであっても廃棄しなければならない。

活動に要するコストが、その活動によってもたらされる利益の二分の一を超えるならば、そのコストを発生させている活動そのものを廃棄の候補としなければならない。

コストの増加がないように見えても、それだけでは不十分である。成果がなければならない。いかなる活動においても、隠されたコストが、経理の示す額よりもはるかに大きいからである。

従業員には、給料の少なくとも三倍のコストがかかる。働く場所、暖房、照明、ロッカーが必要である。材料、消耗品、電話、監督者まで必要である。従業員まわりでは、まさに諸々の

――コストが発生する。

もちろん廃棄に対しては強い反対が出てくる。しかし成果のあがらないもの、希望のないもの、報われないものを継続すべきことを正当化するための議論が、言い訳以上のものであることはあまりない。

よく見られる議論は、もっと成長させなければならない、縮小どころではないとの主張である。しかし、成長とは成功の結果である。市場が欲し、購入し、代価を支払うものを提供した結果である。資源を有効に使用した結果である。リスクを賄うために必要な利益をあげた結果である。GMは、八つの車種のうち六つを廃棄するか、完全につくり替えた。大きな成長はその結果だった。

詭弁が使われることがある。脂肪と筋肉を混同し、多忙と成果を混同する。しかし、成果を生まない活動は財産を食いつぶす。単なる負担である。肥満が人にとって負担であるのと同じである。成長する経済のもとにあって、常にマネジメントは成長志向でなければならない。成長とは機会を利用することである。成長とは不適切なことを行って量を得ることではない。適切なことに専念することによって得るべきものである。

そしていかなる企業にも、推進すべき優先的領域でもなければ、廃棄すべき優先的領域でもないという製品、サービス、活動、努力がある。第三の領域として無数の平凡なるものがある。

- 今日の主力製品。しばしば生産的特殊製品。

• コストが大きく、不釣り合いなほどの努力によってしか節減できないコストセンター。
• 手直し用製品、すなわち、何らかの大きな変更や修正を加えるならば、価値あるものとなりうる製品、サービス、市場。

これら平凡なものに関する原則は、機会の領域を犠牲にしてまで人材を使ってはならないということである。機会の領域が必要とする支援を与えたあとも人材に余剰があったときにのみ、平凡なものに考慮するべきである。一流の人材が平凡なものに割り当てられているときには、それらの人材が機会の領域においてさらに大きな貢献を行えないときにのみ、そこにとどめるべきである。

実際には、それら平凡なるものに対し、人材を追加すべきことは稀である。通常、それら平凡なるもののうち、その使用している人材に値するものは生産的特殊製品だけである。その他の平凡なるものは、ほとんど常に、ほかのところで使えばさらに生産的となる人材を浪費している。

したがって、それら平凡なるものは、現在もっている人材、ないしはより少ない人材ですまさなければならない。すなわち乳を搾り取られる立場に置くべきである。成果を生むかぎり生かされ、乳を搾り取られる。しかし育てる必要はない。

リプレースメントとイノベーション

現在の事業の質を高めるには、よりよく行えばよい。しかし、そもそも行うべき新しいことは何か。二つの種類の機会がある。

- 製品と活動をより適切なものに替えるリプレースメント。
- 最大の機会を実現するイノベーション。

わずかな変更を施すことによって、製品と活動を理想企業の設計に適合するものに替えることこそ、きわめて高い優先度に値する。

リプレースメントと開発との相違は、前者が、何が市場であり、何を市場が求めているかについての新しい考え方や、知識の新しい利用の仕方に関わるものであるところにある。新しい梱包資材の開発は、その設計や生産がいかに技術的に困難であろうとも開発である。しかし、貨車用やトラック用のコンテナの利用は、梱包についての新しい考え方であり、リプレースメントである。

スローンによるGMの設計においては、古くからの低価格帯の三つの車種、シボレー、オークランド(のちのポンティアック)、オールズモビルを、名前を除いてすべて改造するという形でリプレースメントが行われた。それらの車種は、すでに顧客から受け入れられ、販売網をもっていた。基本的な設計方針もあった。欠落していたのは市場における機能と位置づけについての明確な考え、適切な価格政策、そしてマネジメントだった。

アメリカの繁華街のデパートにとっては、郊外のショッピングセンターへの進出がリプレースメントだった。なぜならば、郊外のショッピングセンターこそ、デパートの基本的な強み、すなわちそのネームバリューと商品知識を、消費者が買い物をする場所で生かすための手段だった。

リプレースメントは技術的な困難が大きくてはならない。それは「この製品、この市場、この活動の何が悪いかがわかった。何を間違って行ってきたか、何をしていなかったかがわかった」という認識からもたらされるものでなければならない。変えるべきものは製品そのものではない。製品が適切でないならばそもそも時間と労力をかける理由がない。変えるべきは、企業自身が製品をどのように見、提供し、利用するかである。

これに対し、イノベーションとは、既存のものから新しい種類の経済を生み出す未知のものをつくり出すことである。イノベーションは古いものに新しい次元を与える。イノベーションとは、つながりのない部分的なものを、大きな力をもつ統合されたシステムとして結びつける。

われわれは、このイノベーションのシステム的な側面をとらえて、ジーメンスやエジソンは新しい産業を創造したといっているわけである。そこには、唯一の要素を除いて、すでにあらゆる要素が存在していた。彼らは、その唯一の新しい要素を加えることによって、まったく新しい経済的能力を創造した。

シアーズ・ローバックは、農民に対し「事情を問わず返品可」を保証するというイノベーションによって、その事業を築いた。当時すでに、通信販売の成功のために必要な要素はすべて存在していた。唯一欠けていたものが顧客を信用するというきわめて簡単な要素だった。

同じように、ＩＢＭがコンピュータ産業を創造したのは、技術的に高度で複雑な機械と、技術的に訓練されていない顧客とのギャップを埋め、かつ高校卒でも短期間に学ぶことのできる機能としてのプログラミングについてイノベーションを行ったためだった。

スローンのイノベーションは、体系的に全市場をカバーする自動車メーカーという考え方そのものにあった。それまでのＧＭは、あらゆる層を顧客とする脈絡のない複数モデルのメーカーだった。ほかのメーカーも同様だった。

アメリカン・モーターズは、大型車に慣れた人たちに対し、コンパクトカーすなわち適切な空間と性能を与える車を提供するというイノベーションを行った。


イノベーションとは、発明や発見そのものではない。もちろん発明や発見のいずれかが必要となることもあるが、焦点は知識そのものではなく成果に合わせられる。したがってイノベーションは、規模が大きいほどよいのではない。逆に小さいほどよい。

繰り返すならば、イノベーションとは、既存の知識、製品、顧客のニーズ、市場などすでに存在するものを、はるかに生産的な新しい一つの全体にまとめるために、小さな欠落した部品を発見し、その提供に成功することである。

イノベーションの機会を発見するには、すでに可能になっているにもかかわらず欠落したままの致命的に重要なものは何か、経済的な効果を一変させるものは何かを問わなければならない。

もちろん、ニーズを書き出すだけではニーズを満たしたことにはならない。しかし、ニーズを書き出して初めて、必要な条件を知ることができる。それらの条件を満たせるかどうかは、そのあとのことである。

イノベーションとは、企業の潜在的な機会を発見し、未来を築くためのものである。しかし、まずイノベーションを利用すべきは、今日を十二分に成果あるものとし、現在の企業を理想企業に近づけるための戦略としてである。

人材の最大利用──有能な人材の配置

行動のためのプログラムにおいて最も重要なことは、人材の配置のための意思決定である。この意思決定が行われ実施に移されなければ何事も行われない。

最も稀少かつ最も生産的な資源、すなわち有能な人材の配置に関わる唯一の原則は、その最大利用である。ロスチャイルド家の四人の兄弟の能力に匹敵する資源をもっている企業は、ほとんどない。しかし、成果をあげることを望むならばロスチャイルド家に倣わなければならない。

第一級の人材は常に、最も大きな機会、最も大きな見返りのある領域に割り当てなければならない。そして第一級の機会に対しては、卓越した才能と実績をもつ人材を割り当てなければならない。

大きな機会に対して割り当てるべき人的資源がない場合には、何としてでも手に入れなければならない。最高の人材抜きに大きな機会を利用しようとしてはならない。したがって、大きな機会以外のものに対して、最高の人材を割り当ててはならない。二義的な機会のために、最高の人的資源を手に入れようとしてもならない。

しかし、実際にこれらの原則に従うことは容易でない。まず、ロスチャイルド家のカルマンのような人たち、すなわち必要な能力はもたないが何らかの理由から面倒を見てやらなければならない人たちがいる。

彼らには閑職を与えるべきである。大きな機会を任せるよりもはるかに安上がりである。閑職に置くならばコストは給料だけである。大きな機会を任せれば、そこから得られるはずの利益を失うことになるかもしれない。

同じように問題になるのは二義的な機会である。二義的な機会は、あくまでも現在の人材だけで賄わなければならない。非情にならなければ、第一級の機会を餓死させる。

最大の誘惑は、第一級の人的資源を集中させずに分散させることである。優先順位に関わる苦しい意思決定を避けるために、強い人間に対し、弱い人間に助言を与え助けるよう頼んでしまう。「ときどき一日か二日割いてくれればよいのだが」が典型的なセリフである。しかし実際には、その優秀な人材は、直ちにその弱い人や二義的な機会にかかりきりになる。

強みが力を発揮するには、集中しなければならない。しかも大きな機会は集中した注意力と献身を要求する。

成果をあげるために人材の配置を行うことには大きな苦痛を伴う。したがってマネジメントは、自らに対し、心理学の「強制選択[2]」なる規律を課さなければならない。

大きな機会のリストをつくり、それぞれに対して順位をつける。これが最初の強制選択である。なぜならば、曖昧さ抜きに順位をつけなければならないからである。

次に、第一級の人材やチームに対し、強制選択によって順位をつける。そして、第一順位の機会が必要とするだけの数の人間を、第一順位の人材から割り当てる。順次同じことを行う。下位順位の機会が、上位順位の機会を犠牲にして人材の割り当てを受けることはない。

この方法において行うべき意思決定は、機会と人材に対する順位づけだけである。ほかの問題は、そのあとのことである。

人材の配置は致命的に重要な決定である。この配置の決定が、成果のためのプログラムとなるか、それとも単なる紙くずにすぎないプログラムとなるかを決める。

第10章❖事業機会の発見

事業機会を明らかにする三つの問い

機会は見つけるものという。機会はやって来るものとはいわない。幸運、チャンス、災難が事業に影響を与える。だが、運では事業はつくれない。事業の機会を体系的に発見し、それを開拓する企業だけが、繁栄し成長する。

しかも、現在の挑戦や機会に対しいかに体制を整えようとも、実現できるものはその可能性をはるかに下回る。機会は現実に実現されるものを常に上回る。

危険や弱みが事業機会の存在を教える。それらを問題から機会に転化するとき、異常なほどの成果が得られる。時にはそのような転化は、マネジメントの姿勢だけでもたらされる。

事業機会は、三つの問いによって明らかにされる。

第一に、事業を脆弱なものにし、成果を阻害し、業績を抑えている弱みは何か。

第二に、事業内においてアンバランスになっているものは何か。

第三に、事業に対する脅威として恐れているものは何か。いかにすればそれを機会として利用できるか。

弱みを機会に転ずる

なぜ、ある種の企業や産業は、ごく小さな経済変動に対してさえ極度に弱いのか。なぜ、それらの企業の製品は新製品との競争に負けるのか。何が企業の能力発揮を制約する要因になっているのか。

これらの問いは簡単に答えることはできない。しかしほとんどのマネジメントが、自らの企業や産業の障害、弱み、制約についてかなりよく知っているものである。

問題は、これらの問いが、稀にしか提起されないことにある。マネジメントは現状は変えようがないと考える。「工程上の制約を解決できるものならば、はるか昔にそうしている」が共通した態度である。確かに、現在の工程は最先端の知識によるものかもしれない。しかし何もできないというのは誤りである。

第二次世界大戦後のアメリカの鉄鋼業の例が、そのような弱みとそのもたらす影響を教えている。

――第二次世界大戦の直後、ある大手鉄鋼メーカーが、若手エコノミストのグループに鉄鋼需要の予測を委託した。当然このメーカーは、国民所得やGNP（国民総生産）との関連において鉄鋼需要の伸びが示されるものと考えていた。

ところが報告書は、需要の伸びではなく、その基礎となるべき前提を問題にした。素材としての鉄鋼の機能の多くが、ほかの素材によって代替されるようになっていた。しかも、鉄鋼の製造工程には、競争力を失わせるコスト上の制約があった。

一九世紀半ばに開発された製鋼の工程では、三度加熱し三度冷却しなければならなかった。しかも溶解された高温の金属という扱いにくい重量物を移動しなければならなかった。何事によらず、物理的、経済的にコストの最もかかる作業は、加熱と移動である。

すなわち、鉄鋼には、機械的なバッチ工程に伴うあらゆる種類のコストが組み込まれていた。これに対し、ほかの素材、特にプラスチック、アルミ、ガラス、コンクリートの生産には、加熱と冷却の繰り返しという無駄がなく、熱量が保存されるフロー工程という経済性があった。しかもそれらの新素材は、従来鉄鋼しか使われていなかった建築から梱包にいたる最終用途の多くにおいて、十分満足すべき性能をもつにいたっていた。

さらにその報告書は、製鋼の工程に伴う制約に対する取り組みが、ほかのメーカーではすでに行われていることを指摘していた。そしてかなり近い将来において、技術のイノベーションがもたらされるかもしれないとしていた。

この鉄鋼メーカーは、予測を委託したとき生産能力の拡張が提案されるものと期待していた。事実、このメーカーのマネジメントのうち、保守的な者は無謀な拡張が提案されることを危惧して、需要予測の委託に反対していた。しかし報告の内容は期待とはまったく違うものだった。

委託を受けたエコノミストたちは二つの提案を行った。

第一に、製鋼の工程の経済性に関わるイノベーションが行われるまで、設備の拡張には注意すべきことを求めた。そのような時が来るまでは、鉄鋼がほかの競合材料よりも二五％以上安い製品と市場用にのみ設備を追加すべきであるとした。

第二に、工程のイノベーションに焦点を合わせた研究開発活動を、強力に推進すべきであるとした。

予測を委託したこの鉄鋼メーカーの経営陣は、この報告を学者にありがちな非現実的な意見として一蹴した。しかしやがて、この報告がきわめて示唆的な予言だったことが明らかになった。

第二次世界大戦後、アメリカの鉄鋼業は、昔からの前提に基づいて設備の拡張を計画し、高額の設備を増強した。確かに需要はあった。しかし、その需要は鉄鋼のためというよりも、むしろ鉄鋼の市場に進出してきた競合素材のためのものとなった。

ヨーロッパやソ連の鉄鋼業も、アメリカと同じように経済成長と鉄鋼需要の関係が続くという前提のもとに設備を増強した。だが一九五〇年頃、それまで不可能と思われていたイノベーションが行われ、熱利用と生産速度の向上、および運送費の削減をもたらす純酸素上吹転炉や、連続鋳鋼法が登場するにいたった。その結果、一九五五年以前の投資の多くが十分な利益をあげることが不可能になった。フルシチョフさえ、一九六二年には必要以上の鉄鋼プラントをつくってしまったことを認めた。それらの設備は、稼働率を落としたり市場価格よりも高いコストで生産したりするしかなかった。

これに対し、新しい工程の技術を利用できるようになった一九五五年以後の新設鉄鋼プラントは、鉄鋼の競争力を回復しただけでなく、少ない生産量と低い価格でも高い利益を得た。

この例は、いくつかの本質を示しているがゆえに、やや詳しく紹介した。

- 企業や産業の弱みや制約は、通常、すでに周知であるか容易に確認しうる。鉄鋼について研究を行った若手エコノミストたちは、鉄鋼とその技術についてはほとんど何も知らなかった。彼らは鉄鋼関係者の話をもとに分析していた。
- 企業や産業に固有の弱みを克服するためのイノベーションは、その企業や産業の人間にはまったく不可能なことに見える。しかし、イノベーションのための準備はみなが起こりえないといっているうちに整いつつある。
- そのような弱みや制約が克服されたとき、経済的な成果はきわめて大きなものとなる。したがってそのような制約こそ大きな機会である。
- そのような制約を克服するには、体系的なイノベーションすなわち新しい能力や知識の分析と、その新しい能力や知識を開発するための体系的な取り組みが必要である。

そのような制約は三つの領域において見つけることができる。すなわち、(1)生産工程の経済性、(2)産業の経済性、(3)市場の経済性、である。

(1)生産工程の経済性

損益分岐点の高い生産工程は、企業や産業を脆弱にする。損益分岐点は低くなければならない。少なくとも生産や価格が弾力性を欠いてはならない。稼働率が九八%であって、なおかつ価格が好況時の水準でなければ赤字であるという企業は、きわめて脆弱である。

残念ながら、そのような生産工程は、経済性を無視してまでも過大な設計が行われるものである。すなわち、経済性よりも規模が求められる。例えば、技術と資金をかけた製紙と仕上げの一貫工場は、信じられないほどの大量生産を可能にした。しかしそのような工場は一種類の紙しか生産できない。そのため、小さな需要の変化が、生産工程全体を不経済なものにする。

同様の例が外航船の経済性である（第5章参照）。そもそも、外航船は輸送量の増大に力を入れた結果、主たるコスト要因である港内作業をさらに困難かつ時間のかかるものにした。外航船は、作業プロセスについての設計上の重点を誤ったために成長産業ではなくなった。今日それは手厚い補助にもかかわらず、鉄道と同じ運命をたどろうとしている。航空輸送に取って代われつつある。

海上輸送が、航空輸送よりも本質的に劣っているわけでないことは、タンカー、鉱石船、バナナボートなど、海上でのスピードやコストではなく、積み込みや荷降ろしの作業を重視して設計した大型専用船の成功からして明らかである。

予防は治療よりも容易である。したがって新工程の設計特にオートメーション化の設計においては、経済と技術のバランスを図ることが重要である。オートメーション化とは本来生産工程を柔軟にすべきものである。すなわち標準製品の大量生産における経済性だけでなく、小量生産や、生産量の変化への対応における経済性を実現しなければならない。

しかし実際には、オートメーション化の多くは前述の製紙工場と同じ誤りを犯し、生産規模を上げることを重視して、全体の経済性と弾力性を犠牲にしている。つまり、それは稼働したその日に陳腐化したも同然である。なぜならば、今日の製品が適切である期間は常にあまり長くはないからである。

したがって、広義の経済性を組み入れないかぎり、すなわち柔軟性と多様性を完全に発揮することができないかぎり、オートメーション化の推進は明日の弱みとなる。

(2) 産業の経済性

産業としての経済性そのものが制約や弱みであることがある。ここでも、製紙業をあげることができる。

紙は、鉄鋼と同じように多用途の材料である。しかも製紙業は、鉄鋼業の数倍の速さで成長してきた。そして紙に対しても、鉄鋼と同じように多くの新素材が進出してきている。それらの新素材のそれぞれが、特定の目的や最終用途については紙よりも適している。そして紙は、これまた鉄鋼と同じように、それら新素材よりも割高になっている。

製紙の工程は原木の四分の一しか利用しない。原木の半分は森に残している。四分の一は樹皮、葉、小枝、不純物として捨てている。しかし製紙メーカーが代価を払っているのは、原木に対してである。その結果、製紙の原材料であるパルプは、例えば、石油精製の副産物として事実上コストのかかっていないプラスチックの原料と比べて膨大なコストがかかっている。

もし、製紙の工程が、今日捨てている原木の四分の三を製品にすることを可能にするならば、紙のコストは大幅に安くなる。しかし、もしこれができなければ、多目的な材料としての紙もやがてわずかの用途に限定されることになる。製紙業は、経済の発展とともに成長するのではなく縮小していくことになる。

これに対し製紙メーカーは、今日捨てている原木の四分の三の部分の利用方法などありえようがないという。さらには、原木の化学的処理の効率が小さいだけであるという。すなわち、自分たちに責任はないという。もちろんそのとおりである。

しかし、たとえ基本的な制約に対して直接手を打つことが不可能であるとしても、現にそのような制約が存在しており、その制約が製紙業の将来を危うくするかもしれないという事実に変わりはない。また、そのような制約の除去が、製紙業の経済性に対し革命的な影響を与えるに違いないという事実も変わりない。

要するに、いかに見通しが困難であろうとも、それこそまさに製紙業が継続して取り組むべき領域である。なぜなら、ひとたび変化が生ずれば、その変化はきわめて急速たらざるをえないからである。

(3)市場の経済性

そして第三に、市場の経済性に反する制約やその結果としての弱みがある。すでに、そのような制約の一つについては述べた(第6章参照)。すなわち、供給者の利益だけでなく、顧客自身の利益にさえ反するかに見える顧客の不合理な行動である。

しかし、これに劣らず重大な産業の弱みとして、顧客の利益を供給者の事業や利益に結びつけることを妨げる技術的ないしは経済的なシステムがある。

その一例が住宅建築である。アメリカでは、新築の低価格住宅と中価格住宅との価格差は二五%にすぎない。しかしその質の差はきわめて大きい。低価格住宅は急速に劣化する。数年後、すなわち支払いが終わるはるか前に、せっかく買った住宅も急速に価値を失う。その結果、劣化する地域で劣化する住宅に一生住むことになる。

スラムは、そこに住む者によってつくられるのではない。急速に劣化する住宅を建築することによってつくられている。もちろん問題は、初めて住宅を購入する若者には、低価格住宅しか買えないことにある。そして今日、そのような住宅とは急速に劣化する住宅のことである。

問題は伝統的な住宅建築の方法にある。ここにおいて必要とされているものは、増築可能住宅である。若夫婦には、良質の住宅の中核部分だけを低価格で買えるようにしなければならない。所得の増加につれて、あるいは、その中核部分についての支払いが進むにつれて増築していくことができるようにしなければならない。

このようにして、住宅を改良し住宅の価値を上げていくことができる。所得の増加につれて引っ越す必要もなくなり、低所得者だけが取り残されてスラムになるということもなくなる。

こうして、かなり裕福な年輩の人の住むかなり大きな住宅と、さほど収入のない若い人の住む小さな住宅が混在するという、望ましい地域がつくられることになる。しかも、それらすべての住宅が良質であって、不断に改良していくことのできるものとなる。

この実現は明らかに容易ではない。不可能に近いかもしれない。しかし、建築業は、そのような何らかの解決を図るための努力を行ったほうがよい。もし、住宅建築がさらに高額となり、しかも劣化しやすいものとなっていくならば、やがて苦しむことになるのは建築業である。

これら市場の経済性に反する弱みは、製品を生産している企業や産業に限らない。サービス産業にも見られる。

銀行は顧客の預金の運用から利益を得る。しかし預金獲得のためのサービス競争は、顧客が最小限の普通預金ですむようにさせることによって行われている。したがって銀行は顧客にサービスすればするほど経営が悪くなる。銀行は顧客が価値を見出すものとは逆のものから利益をあげているからである。

銀行は、顧客が最小限の預金ですむよう資金管理をサービスする。しかし銀行にとっては、顧客が多くの現金を預金してくれるほど利益をあげられる。

したがって銀行では最高の能力と技量の者がこの矛盾の解決に充てられている。銀行のやり手とは、顧客に対し最高の資金管理を行いつつ長期にわたって多額の預金をするよう説得できる者のことである。

この問題の解決の一つは、顧客にとって価値あるもの、すなわち資金管理についてサービス料をとることである。しかし長い間、銀行関係者はこの種の提案を一蹴してきた。彼らは、サービスの有料化をもくろむ銀行などありえず、またそのような有料化を受け入れる顧客はありえないとしてきた。

このように、最も有望な機会は、事業に内在する弱みに存在する。しかし、そのような弱みを機会に転ずるにはイノベーションが必要である。

アンバランスを強みに転換する

事業において、完全なバランスは組織図にしかない。生きた事業は、あちらで成長し、こちらで縮小し、あちらでやりすぎ、こちらでやらなすぎるというように常にアンバランスな状態にある。しかし、それ以前の問題として、あまりに多くの企業が慢性的なアンバランスの状態にある。そこに資源を使わされている。

ある企業は、売上げ一五〇〇万ドルという中小企業でありながら、全国的な営業スタッフや販促活動、流通を必要とする。ある企業は、きわめて限定された範囲の特殊製品のメーカーでありながら、GEと対抗するために固体物理学の研究所の維持を必要とする。この種のアンバランスは弱みとして深刻である。企業の存立を脅かす。

コスト構造は最大の資源によって規定される。補助的コストは成果の大小ではなく補助される活動の大小によって規定される。例えば、固体物理学に研究費を投じている企業は、最先端のGE並みの施設、建物、設備、資料室を必要とする。さもなければ優秀な人材を引き抜かれる。また、売上げ一五〇〇万ドルであっても、全国的な営業陣を備えるともなれば、売上げ一億五〇〇〇万ドルの事業と同じ規模の経理、受注、監督、訓練が必要となる。

言い換えるならば、総コストは最大のもののコストと比例する。しかし業績は、売上げと比例する。活動間のアンバランスの原因が、補助的活動、監視的活動、浪費的活動にあるならば、その改善策は、それらの活動を見直すことでよい。補助的コストや監視的コストについては、最小の原則を適用し、浪費的コストに対しては全廃の原則を適用すればよい（第5章参照）。

しかしアンバランスの原因が生産的活動に起因しているならば、そこにはきわめてしばしば大きな機会が存在する。もちろん、そのような機会の利用には事業そのものの性格や構造に大きな変化が必要となる。

生産的活動のアンバランス

相応の成果をあげていない生産的活動というアンバランスの典型は、マーケティングと研究開発に見られる。ここにマーケティングに割かれていたアンバランスな資源を機会として利用した例がある。

ある中小企業は、一五〇人という技術的に訓練された全国規模の営業陣を抱えるには一五〇〇万ドルの売上げではあまりに小さすぎた。利益をあげるには、営業スタッフ一人当たりの売上げを現在の一〇万ドルから五〇万ドルに上げなければならなかった。

その解決策が、メーカーにとどまることなく、流通業へとその業容を拡大することだった。この企業は全国的な流通を必要とする中小のメーカーを徹底的に調べた。そしてそれらのメーカーに対し、彼らの営業コストをはるかに下回るコストで営業サービスを提供することを申し出た。

五年後この企業は、同じ営業陣で一億ドルの売上げを達成した。自社製品は五分の一にすぎなかった。そのほとんどは競合関係にない七社の製品だった。そしてそれらの七社もまた、それぞれ売上げが二〇〇〇万ドル以下でありながら、一億ドル規模の営業陣を利用することができるようになった。

研究開発のアンバランスもまた機会に転ずることができる。

ある中堅のガラスメーカーが、電子産業用ガラス部品に進出したところ研究開発費が急増した。あまりの急増ぶりに、企業全体の利益率さえ脅かすにいたった。しかも電子産業向けの売上げは生産量全体からすればわずかにすぎなかった。

当然、このガラスメーカーは電子産業市場からの撤退を検討した。しかし市場調査によれば、そもそも電子産業が成長産業であるうえに、電子用ガラス部品は電子産業自体の二倍の速さで成長していくことが明らかになった。

そこでこのメーカーが、研究開発費の急増の原因を調べたところ、自社の研究陣が、顧客である電子機器メーカーが行うべき研究開発を引き受けてしまっていることが明らかになった。実は、顧客の電子機器メーカーにとっても、本質的に重要な知識は、もはや電子工学ではなくガラスになっていた。部品の性能はガラスの品質と設計にかかっていた。

コスト的にはガラスは部品コストのわずかを占めるにすぎなかったが、技術的にはガラスこそ重大な意味をもっていた。しかし、そのような貢献に対して、このガラスメーカーはいかなる代価も受け取っていなかった。

このときこのメーカーがとった解決策が、電子産業に「川下統合」（第13章参照）を図ることだった。すなわち、ガラス部品を組み込んだ電子部品そのものの生産に進出した。現在、このメーカーの電子産業向けの売上げと利益は、ガラス部品だけを供給していた頃の数倍になっている。

もちろん、この電子産業への進出に対しては、社内から、得意先と競争することは許されないというお定まりの反対があった。しかし実際にはよくあるとおり、昔からの顧客との取引は増大した。それまで以上の品質の製品とサービスを提供できるようになったからである。

マーケティングや技術だけでなく、あらゆる生産的活動がアンバランスの原因となりうる。それは放置すれば大きな危険となるが、成長のための機会へと転ずることもできる。

一つの例が、アメリカのある中小の自動車メーカーが設立したクレジット会社である。顧客に自動車ローンを提供するには、大都市すべてに支店を置かなければならない。しかし、中小自動車メーカーとしては、地方支店の管理費を賄えるほどのローンの仕事はない。

年間売上げ約四億ドルならかなり大きなクレジット会社であるかに見える。しかし実際には、高度に専門化したクレジット事業の管理に必要なコストを賄うには規模があまりに小さすぎた。

そこでこのメーカーがとった問題の解決策が、ほかの中小の耐久消費財メーカーのクレジット業務を引き受けることだった。

すでに自動車ローンによって間接費のほとんどを賄えたために、それら中小メーカーに対しては、きわめて魅力的な条件を提示することができた。その結果年間売上げは六億ドルへと増加し、利益をあげられるようになった。

流通のアンバランス

資源のアンバランスは事業の法的主体の範囲内だけの問題ではない。生産的活動のアンバランスは、事業の法的、経理的範囲を超えた経済的なプロセス全体の中にも存在する。

そのようなアンバランスは、流通チャネルにおける専門化した中小の小売店から全国的な大規模店舗への重心の移行からも発生している。

全国的な大衆消費財メーカーの多くにとって、流通チャネルの四分の三は中小の小売店である。しかし売上げの四分の三は大規模店舗によっている。ここから不可避的にアンバランスが生じている。

メーカーは、報われることの小さな限界的な小売店のための流通コストを負担しながら、市場へ十分アクセスできずにいる。大衆消費財メーカーのマーケティングは、そのコストと成果との間に大きなアンバランスを生じている。

一見、誰にもわかる初歩的なことと思われるかもしれない。しかし流通コストがアンバランスに大きくなっていることは、最終消費者の負担を中心に据えたコスト分析によってのみ明らかになる。経済プロセス全体における出費でなく、法的な単位における出費としてコストを定義するオーソドックスなコスト分析では、流通コストと流通チャネルの間のアンバランスは見つからない。もちろん、その種のアンバランスの解決はきわめて容易である。問題は、なかなか気がつかないことにある。

アメリカでは、この種のアンバランスのために挫折し失望した中小の消費材メーカーのオーナーが企業を手放し始めている。彼らにはなぜ利益があがらなくなったのか原因がわからない。ところが企業を買収した者は、単に流通チャネルを大規模店舗に代えることでたちまち利益を回復している。

同じことは、ヨーロッパや日本でも起こっている。消費者が専門化した回転率の低い小売店から、回転率の高い大規模店舗に乗り換えつつある。

しかし、今日にいたるも、メーカーの多くは昔からの流通チャネルを維持しようとしている。そして、それら昔からの流通チャネルが成果をあげられなくなると、ますますマーケティングと販売の努力を強化し、その結果ますますアンバランスを大きくしている。

そして結局は、この流通チャネルの変化を理解し、安いコストでより多くをより効率的に売る機会を見出す者へと事業を売り渡している。

いることがある。

補助的活動のアンバランス

補助的活動が、あまりに高い水準の努力と能力を必要とするためにアンバランスの原因となっている。

加工食品とホテルとケータリングを事業とするある企業がある。この企業は、ホテルやレストランのための洗濯、加工食品の配送のためのトラック輸送など、いくつかの補助的活動を抱えている。

それらの活動はそれぞれ高い水準で運営しなければならない。しかもかなりの投資を必要とする。おまけにピーク時を賄えるようにしておかなければならない。したがって、それらの活動は、すべて不釣り合いなまでに大きなものとなり、コストのかかるものとなっていた。

しかしこの企業は簡単な原則で問題を解決した。本業並みの知識や能力を必要とする洗濯やトラック輸送は、社外の顧客にもサービスを提供する独立した事業にした。その結果、洗濯は大規模な事業に育っている。トラック輸送はその地域でリーダー的な事業になっている。

それぞれの事業が、親会社のための業務の四倍から五倍もの取引をほかの顧客との間でもっている。もちろん、そのためいずれの事業も競争力の強化に力を入れている。

しかし、この補助的活動にかかわる問題の解決には、常に機会を探すという努力が必要である。しかも逆に、本業に関係のない活動や最小限原則で処理できる活動までも、本格的な事業に発展させてしまうことのないよう、自制が必要である。

前述の加工食品とケータリングを事業とする企業では、二つの原則を守っている。その第一は、規模の大きさや仕事ぶりが一流でなくとも十分な活動は、小さな規模のままにしておくことである。たとえ利益をあげる事業に発展させられる場合でも、自社にとって必要な規模以上には拡大しないことにしている。例えば、印刷業務もかなりの事業にできるはずだったが拡大してはいない。

第二に、規模や仕事ぶりにおいて一流である必要があるものの、本業に直接関係のない活動は、利益をあげられる大きな事業にまでは育てるが、その後は売却し、自らその顧客になることにしている。この原則は、例えば、店舗やレストランの設計建築関係の業務に適用している。現在、こうして売却した建築部門は、商業建築の分野でリーダー的な存在の建築会社に成長している。

規模のアンバランス

アンバランスの中で最も重大なものは、対象となる市場や必要とされるマネジメントの規模からして、自らの事業そのものの規模が不適切である場合、通常は小さすぎる場合である。

EC（ヨーロッパ共同体）市場の成立が、中規模の同族企業に対し、この種のアンバランスをもたらしている。限られた国内市場には適していたが、ヨーロッパという単一の市場で巨人と競争するには、製品、資本、マーケティング、マネジメントに不足することになった。

この一〇年来、それらの同族会社間で、国境を超えた合併のブームが起こり、伝統的に外部に対し猜疑心の強い同族会社間で、パートナーシップやマーケティング協力や共同研究の契約が急増してきた原因がここにある。

日本においても、一億の顧客から成る大衆市場に対処できなくなった小規模の同族企業の間で同じことが起ころうとしている。

また、はるかに小規模ではあるが、第二次世界大戦後、それまで高い輸送コストによって隔離されていた市場が全国市場と融合したカリフォルニア州でも同じことが起こった。


市場、特にその規模や構造に変化が生じたとき、中小企業の規模と、市場からの要求との間にアンバランスが生じる。そしてほかのアンバランスと同じように、このときも隠された機会が生じる。しかし、この種の機会の利用には、企業の規模を単に大きくしさえすればよいというわけではない。企業構造の基本的な改革と、時には財務構造や所有権の改革まで伴う合併、買収、パートナーシップ、合弁が必要となる。

事業に必要とされるマネジメントの規模と、事業規模とのアンバランスを機会に転ずるための唯一の解決策も、同じように改革である。

マネジメントもまた、生産的活動のための資源である。したがって、マネジメントの規模およびそのコストが事業の規模とアンバランスな状態にあるということは、貴重で高価な人材を過小利用しているということになる。

確かに企業は、一流のマネジメントを必要とする。しかし企業は、マネジメントに対し、相応の報酬を支払わなければならず、相応の仕事と挑戦の機会を与えなければならない。それが不可能であるならば、たとえ必要な人たちを迎え入れ、あるいは育成に成功したとしても、間もなく失うことになる。その結果、事業は行き詰まり、破滅さえしてしまうかもしれない。

このアンバランスを機会とすることができるならば、事業の規模においても、利益においても、急速な成長が約束される。しかし、それにしても中堅企業の中には、著しく高価なマネジメントを抱えているものがある。

しかもそのような企業は常に最新流行のマネジメントを追いかけている。ヒューマン・リレーションズが花盛りとなれば、心理学や社会福祉や人事の専門家を雇い、全社員にリーダーシップ訓練を受けさせる。二年も経って、今度はＯＲが人気となれば、みなが経営科学セミナーに出席する。

二五〇人の企業の給与計算には、連邦政府のすべての事務を処理できるような大型コンピュータは必要ない。

そのような企業は直ちに、事業が必要とする規模にまでマネジメントを小さくすべきである。ところが事業規模からは賄えないようなマネジメントを本当に必要だと考えている企業がある。

あるプラントメーカーでは、アメリカの民間市場で高度に技術的な事業を行っていくには、マネジメントや技術上の業務だけで一五〇〇万ドルの売上げが必要であるとしていた。その会社の事業の多くは、大規模で高度に機械化された工場への巨額の投資、継続的な研究開発、専門的な営業努力、充実した技術サービスを必要としていた。

しかしそれにしても数字が大きすぎた。なぜならば、同じ分野のほかのエンジニアリング会社は一〇〇〇万ドルから一二〇〇万ドルの売上げで成功しているからである。

特殊化学品メーカーなど高度に技術的な企業でさえ、売上げ五〇〇万ドルから七〇〇万ドルで立派に経営し市場でリーダーシップを握っている。

とはいえ、売上高は、原材料費や部品費を引いた付加価値ほどには重要な意味はないかもしれない。付加価値で見るならば、売上げは五〇〇万ドルであっても原料の安い化学品メーカーのほうが、売上げは一五〇〇万ドルであっても材料費や部品費が七〇％にのぼるプラントメーカーよりも大きな事業なのかもしれない。

規模の間違い

適切な経済的規模は産業によって違う。技術の成熟度、市場とその構造によって違う。しかし、間違った規模の企業は大きな罰を受けることになる。規模の大きな企業と同じコストをかけながら、小さな規模の便益、あるいはそれ以下の便益しか受けられないという罰である。

そのような場合には、事業の規模をかなり小さなものに縮小して、市場の一部だけを相手とするか、あるいは事業の規模をきわめて大きなものにしなければならない。

例えば、アメリカの洗剤産業では、小企業は狭い地域だけを対象として、あるいは病院など限られた顧客だけを対象として成功している。しかし洗剤産業でそのような小企業に次いで可能性があるのは、全国向けに販売促進する全国ブランドをもつ巨大企業だけである。この産業では中間の規模では繁栄できない。おそらく生き残ることもできない。

ヨーロッパには、昔から非常に大きな自動車メーカーとして、フィアット、ブリティッシュ・フォード、オペル、フォルクスワーゲンがあった。他方部品を購入して年間二〇〇〇台から三〇〇〇台を生産するという中小のメーカーも成功していた。

しかし、空前のスピードの自動車革命の渦中にある今日、少数のメーカーに集約される日が迫っている。十分に名が知られ忠実なファンをもつ中堅メーカーですら生き残れないに違いない。大メーカー以下の規模ではすべて小規模すぎることになる。

リチャード・A・スミスの著書『危機に立つ大企業』[1]は、マネジメントに失敗したためではなく、成功して中途半端な苦しい規模に成長してしまったために、大企業に身売りせざるをえなくなった二つの企業の例を紹介している。

年間売上げ数百万ドルというスタビド・エンジニアリング社は特殊製品の設計会社として成功し、売上げ一〇〇〇万ドルにまで成長したために、売上げ二〇〇〇万ドル規模のエンジニアリング会社に相当するマネジメントをもたなければならなくなった。しかし、年間売上げを二〇〇〇万ドルにすることはとうてい無理だった。同社は今日、ロッキードに吸収されてその事業部の一つになっている。

同じように、小企業として繁栄していたパイセッキー・ヘリコプター社もV107ヘリコプターの成功のために不経済な規模にまで成長してしまった。その結果ボーイングに身売りした。

したがって中途半端な規模の企業にとって、問題の解決は小規模に縮小することである。

ある小さな鉛管用機器メーカーは、シカゴを中心とする三つの州すなわちイリノイ、ウィスコンシン、インディアナを地盤として、年間売上げ八〇〇万ドルで成功していた。製品が重量のある機器だったため、工場近辺を地盤にすることで輸送上の利点を得ていた。

しかし、やがてこのメーカーが、事業をさらに広い地域にまで拡大したところ、売上げは直ちに二〇〇〇万ドルまで伸びたが、売上げの増加分については赤字に苦しむことになった。競争が激しく、遠隔地への輸送コストを自ら負担しなければならなくなったからだった。そのためこのメーカーは倒産寸前にまでいってしまった。そこで、事業の対象を元の地域にまで縮小したところ、業績は直ちに回復した。

この産業では、地元を地盤とする中小メーカーであり続けるしか方法がなかった。事業の拡大を図るのであれば各地に工場をもつしかなかった。しかも、その場合の売上げの最小限度は年間五〇〇〇万ドルといったところだった。

しかし、最も深刻なケースは最小限の規模以下の企業である。いかに優れた製品を生産しようとも限界的な存在であることに変わりはない。成長のために投資すべき資金がマネジメントや研究開発や営業活動のために使われてしまっている。ところが、成長しなければ成長に必要な資金さえ手に入らない。

この悪循環に対する解決は飛躍である。大飛躍である。二つの規模の間にいることはできない。一つの規模から次の規模へと一足飛びに移らなければならない。自力による段階的な成長は不可能である。必要な規模に達するには、売却するか、買収するか、合併するかしかない。

脅威は本当に脅威なのか

企業や産業にとって脅威であるかに見える新しい事態にこそ、隠された機会が存在する。

一九五〇年にいたってなお、アメリカの鉄道会社は、乗用車、トラック、航空機による輸送の増大を認めようとしなかった。彼らは鉄道がアメリカの輸送システムの根幹としての地位を失うことは考えられないとしていた。彼らは、それらの新しい輸送手段は、鉄道だけでなく、国家とその安全や繁栄にとって脅威であるとさえ主張していた。鉄道がこの脅威を、機会としてとらえることができると認識したのは、一九六〇年代に入ってかなり経ったのちのことだった。

代替手段が発達したため、鉄道は、自らが最も力を発揮し最も利益をあげられる事業、すなわち、貨物の長距離輸送に力を入れることができるようになった。乗用車やトラックやバスの発達により、鉄道は利益のあがらない支線や小さなコミュニティへのサービスを放棄できるようになった。また、昔からの鉄道独占に対する懸念が消え、競合路線との合併や、重複サービスの廃止が容易になった。

こうして鉄道会社は二五年前に捨てた事業、すなわち自動車の新車輸送にも取り組めるようになった。トラックを異常な存在として敵視していた頃には、鉄道は無蓋《むがい》の二層トレーラーで輸送するトラックから学ぶことができずに有蓋車で運んでいた。そのため、二台しか積めない有蓋貨車による輸送は、六台を輸送するトラック輸送の三倍のコストがかかっていた。

しかし、トラックの存在を認めたとき、鉄道は八台から一〇台の新車を載せる二層の無蓋車を多数連絡させることに気づいた。こうして一年後には、鉄道は長距離自動車輸送の大半を取り戻した。

これと同じことが、穀物、石炭、鉄鉱石などの長距離大量輸送についても行われた。そしてそれらの輸送が鉄道にとって再び利益あるものとなった。こうして、不可避なことを受け入れて、それを利用するという鉄道の姿勢の変化の結果、あまりに長い時間を要しはしたものの、今日通常の主要幹線さえも、再び繁栄し健全な事業としうるかもしれなくなっている。このほかにもいくつかの例がある。

かつてアメリカでは生命保険会社が主な貯蓄機関だった。

しかし第二次世界大戦後、豊かになった大衆は保険契約数こそ減らさなかったが、貯蓄のうち生保に回す割合を減らし始めた。この変化に重大な脅威を感じた生命保険会社の多くは、株式投資などの投資手段の危険性を警告する広報活動を展開した。

だが、象徴的なことには、あまり有名ではないある保険会社が、そこに機会を見出した。この会社は自ら投資信託会社を買収し、その投資信託を生命保険と一緒に売り出した。すなわち、顧客にバランスのとれた投資手段、セット物のマネープランを提供した。そして直ちに生命保険業界全体の成長をはるかに上回る伸びを実現した。

アメリカのデパートの多くは、初めのうちディスカウント店を不健全なものとして攻撃した。しかし戦いに勝てないことが明らかになるや、自ら次々にディスカウント店を開いた。しかし結果はそのほとんどがお粗末だった。デパートは、ディスカウント店の経営を知らなかった。ある大手のデパートチェーンだけは、まったく違う路線をとった。ディスカウント店をもと

うとはしなかった。逆に高級化した。あらゆる都市の店を大衆のための高級店に変えた。高級品特にデザイン志向でありながら保守的な衣料品に力を入れた。

このデパートチェーンの役員は、「スージーちゃんのパジャマは、お近くのディスカウント店で買っていただく。そうすればスージーちゃんの初めてのダンスパーティー用のドレスに当店で使っていただける金額も大きくなる」といっている。

さらにまた、何年もの間、プラスチックの脅威を嘆くばかりだったある大手の製紙メーカーの例がある。このメーカーはついにプラスチックを機会として見ることにした。その結果、新しい流れを利用するために包装材料と容器の生産のための子会社を設立した。

その子会社はプラスチックを大いに利用した。いまや包装材料と容器の業界における大手である。親会社はプラスチックへの流れを脅威とするどころか大きな機会として利益をあげた。

したがって、常に「事業にとって有害であるとしてきたものをいかに受け入れるか。そもそもそれらは本当に有害か。それとも逆に役に立てられるか」を問わなければならない。

この問いによって、アメリカのある大手清涼飲料メーカーは市場を新しい目で見ることができるようになった。そのメーカーは、長年の間低カロリー飲料は流行にすぎないと主張していた。しかし実際には、マネジメントは、特別の製法や秘密の原料に基づいていないその種の飲料が、自社のかなり高カロリーのブランド製品にとって大きな脅威であると感じていた。

ところが、ボトラーたちが低カロリー飲料をより多く扱うようになるにつれ、同社の清涼飲料もますます売れるようになっていった。すなわち低カロリーのダイエット飲料は、市場を侵食するのではなく、昔からの清涼飲料のための市場をつくり出してくれていた。

この事実をマネジメントが受け入れるには数年を要した。しかし今日では、このメーカー自身が低カロリー飲料を生産し、販促し、販売している。そして昔からの製品も新しい製品もともに売上げを伸ばしている。

潜在機会の発見

あらゆる関係者が起こりえないと知っていることこそ徹底的に検討しなければならない。起こりえないことが、自社にとって何かを起こすための大きな機会となる。

マネジメントは、実は、それらの新しい事態について、それらが起こらざるをえないことを内心知りつつ、脅威として見ているために起こりえないこととしていることが多い。

発電所および変電所用の大型開閉器のメーカーは、一九五〇年代の後半まで、電流の開閉は機械的に行わざるをえないとしていた。電子的な開閉は理論的に不可能であることを示す論文を発表したほどだった。

しかしそのような視野狭窄的な態度によってもたらされたものは、ついに電子開閉器が開発されたとき市場を失う危険にさらされたことだけだった。不可能という彼らの主張を信じていたのは、彼らだけだった。

企業や産業にとっての脅威はすべて、市場、顧客、知識など環境の変化を予告する。既存のもの、伝統的なもの、確立されたものに固執するならば、あるいはほかのいかなることも不可能であると断定するならば、結局は変化によって破滅させられるだけになる。

したがって変化こそ、利益をあげるために何かを行う機会としなければならない。

この一〇年来、アメリカの企業の多くは、ヨーロッパ市場と日本の興隆を自社の売上げに対する脅威とみていた。

しかし、「それらの変化はいかなる機会を提供してくれるか」を自問した企業は、逆にヨーロッパと日本に輸出を開始することによって、あるいは子会社を設立したり現地企業を買収したりすることによって、大きな利益をあげた。

潜在機会の発見とその実現には心理的な困難が伴う。確立された慣習の破壊を意味するがゆえに内部の抵抗を受ける。それはしばしば、その組織が最も誇りにしてきた能力の放棄を意味する。

実は脅威と戦い、アンバランスをやりくりし、固有の弱みをもつプロセスを効率化するには、多大の労力を要する。しかし、昔から明らかにされているように、たとえ成果は小さくとも、それらの問題を処理していくことほど充実感をもたらしてくれるものはない。したがって、自社の弱みや制約の中に機会を探すなどということは、それらの仕事を担当している人たちの地位、誇り、力への直接の攻撃として怒りを買う。

これが、業界内のリーダー的な企業ではなく、業界外の、あるいは周縁部の企業によって、機会が実現されていくことの多い理由である。

例えば、一〇〇年ぶりに製鋼の技術を変え、その基本的な経済性に影響を与えることとなった純酸素上吹転炉は、伝統的な鉄鋼の中心地から遠く離れたリンツにナチスが建てた製鉄所において、製鋼の経験のないオーストリア人によって開発された。

あるいは、電子開閉器は、開閉器生産の経験がない企業によって設計された。

しかし、客観的にも心理的にも実現が難しいということは、逆にそこに力を入れ、その重要性を強調し続けなければならないことを意味する。潜在的な機会を発見し利用することこそ、存続と成長のための必要条件だからである。

もちろんこのことは、あらゆる企業が、隠れた機会をもち、あるいは弱みを機会に変えることができるということではない。しかし、機会をもたない企業は生き残ることができない。そして潜在的な機会の発見に努めない企業はその存続を運に任せることになる。

第11章❖未来を今日築く

リスクが富を生む

われわれは未来について、二つのことしか知らない。一つは、未来は知りえない。二つは、未来は、今日存在するものとも今日予測するものとも違う。

これは、新しくもなければ驚くべきことでもない。だが重大な意味をもつ。

第一に、今日の行動の基礎に、予測を据えても無駄である。望みうることは、すでに発生したことの未来における影響を見通すことだけである。

第二に、未来は今日とは違うものであって、かつ予測できないものであるがゆえに、逆に、予測できないことを起こすことは可能である。もちろん何かを起こすにはリスクが伴う。しかしそれは合理的な行動である。何も変わらないという居心地のよい仮定に安住したり、ほぼ間違いなく起こることについての予測に従ったりするよりもリスクは小さい。

すでにかなり前から、企業の多くが未来を築くための体系的な仕事の必要を認めている。リスクと不確実性をなくすことはできない。人間にはそのようなことはできない。できるのは、適切なリスクを探し、時にはつくり出し、不確実性を利用することだけである。

したがって未来を築くためにまず初めになすべきことは、明日何をなすかを決めることではなく、明日をつくるために今日何をなすかを決めることである。

未知なる未来のために、現在の資源を使うことが、本来の意味における企業家に特有の機能である。

一八〇〇年頃、企業家なる言葉をつくったフランスの偉大な経済学者J・B・セイは、非生産的な過去のものに固定された資本を使って、今日とは違う未来をつくるというリスクにかける者を企業家と呼んだ。

これに対し、交易に焦点を合わせたアダム・スミスをはじめとするイギリスの経済学者たちは、効率を経済の中心的な機能とした。しかしセイは、リスクの創出と、今日と明日の間の非連続性の利用こそ、富を生む経済活動であると主張した。

今日われわれは、そのような仕事を体系的に行うための方法論を学びつつある。企業家のアプローチとしては、互いに補完関係にある二つの方法がある。

第一に、経済や社会の不連続性の発生とそれがもたらす影響との間の時間的な差を発見し、利用することである。すなわち、すでに起こった未来を予期することである。

第二に、来るべきものについて形を与えるためのビジョンを実現すること、すなわち自ら未来を発生させることである。

「すでに起こった未来」を探せ

社会的、経済的、文化的な出来事と、そのもたらす影響との間にはタイムラグがある。出生率の急増や急減は、二〇年後までは労働人口の大きさに影響をもたらさない。だが変化はすでに起こった。戦争や飢饉や疫病でもないかぎり結果は必ず出てくる。

すでに起こった未来は必ず機会をもたらす。それらのものは潜在的な機会である。すでに起こった未来は組織の内部ではなく外部にある。それは社会、知識、文化、産業、経済構造における変化である。一つの傾向における小さな変化ではなく、変化そのものである。パターンの内部における変化ではなく、パターンそのものの断絶である。

もちろん、すでに発生した変化がもたらす影響を予期し、資源を投じることには、リスクと不確実性が伴う。だがそのリスクは限られている。影響がいつ現れるかを正確に知ることはできないかもしれないが、影響が現れることについては確信をもてる。その影響を役に立つ程度に描くこともできる。

一 出生率の変化が将来の労働人口に与える影響に関して、予期できないものもある。例えば、女性の労働力化率はどの程度になるか。一四歳ないしは一六歳以上人口の就業率はどの程度か。そのとき雇用機会はどこにどの程度あるかなどである。

しかし、二〇年後において労働人口であるためには、すでに生まれていなければならないがゆえに、そのときの最大可能労働人口はこれこれであるということは確信をもっていえる。

同じように、最近の一世代の間に、中南米は農村社会から都市社会へと変化した。必ず長期的な影響が出てくるはずである。

基本的な知識の登場が役に立つようになるには、一〇年ないし一五年かかる。一九世紀の半ば、マイケル・ファラデーの電気に関する発見が経済にもたらす影響については、さまざまな予測が行われた。その多くが外れた。しかし、エネルギー分野におけるこのブレークスルーが大きな影響をもたらすことだけは明らかだった。

文化的な変化も、時間をかけて影響をもたらす。このことは、最も微妙かつ最も伝播力の強い文化的な変化、すなわち意識の変化についていえる。

途上国が急速な経済発展に成功するかどうかはわからない。成功するのは、ごく少数の国にとどまることも大いにありうる。それら少数の国でさえ困難な時期を迎え、危機にさらされる。

しかし、中南米、アジア、アフリカの人たちが経済発展の可能性に目覚め、その果実を手にすべく決意していることは、変わりようのない事実である。そしてこの事実が、よほどの災厄がないかぎり、変わることのない経済発展への原動力を生み出す。工業化に成功することはないかもしれない。だが、それらの国は今後とも経済発展を優先させていく。直面するであろう困難も、かえって工業化の可能性とその必要への意識を強化するだけとなる。

同じように、かなり大胆でなければ、アメリカ社会において、いつ黒人が完全に平等な地位を得るかを予測することはできない。しかし一九六二年と六三年に起こったこと（公民権運動）の結果として、黒人のみならず白人の側にも、人種問題についての新しい意識が生まれている。少なくとも若者に関するかぎり、服従する黒人が過去のものとなったことはすでに起こった事実である。覆すことのできない事実である。その影響は必ず現れる。単にいつかが問題であるにすぎない。

また、産業やマーケティングの構造にもまだ影響が現れていないすでに発生した未来がある。

自由世界の経済が再び経済ナショナリズムと保護主義に堕落することはありうる。五〇年代と六〇年代に見られたグローバル化の波は、その規模と影響の大きさのゆえに、各国内にあまりに大きな圧迫と緊張を生み出した。そのため、例えば過度に保護されている農民からの巻き返しの政治圧力など、深刻な反動が生ずる危険が生じている。

しかし、グローバル経済なるものの存在と、その規模に対する意識がなくなることはない。したがってもはや、あれこれの産業や地域は聖域であるべきであるとか、国内産業を世界経済から隔離すべきであるなどという、四〇年代の安易な幻想に戻ることは、大破局でも起こらないかぎりありえない。

また、この一五年来グローバル化してきた企業が、今後自らのビジョンや活動を一国の経済や市場に閉じ込めてしまうこともありえない。

もちろんこれらは大きな変化の例である。しかしはるかに規模の小さな変化であっても、事業にとっては未来における機会を生み出す。

そのような機会を生み出す社会的文化的変化の一つの例として、第二次世界大戦中にアメリカの若者の間で起こった電話の使い方の変化がある。

長距離電話はアメリカ人にとって日常のものではなかった。緊急用の連絡のためのものだった。しかし第二次世界大戦中、アメリカの軍人は、長距離電話を使って家族と話すことが奨励された。その結果、今日では長距離電話が日常のものとなった。

どこに未来を探すか

すでに起こった未来は、体系的に見つけることができる。調べるべき領域は主に五つある。

(1)人口構造

第一に調べるべき領域は、人口構造である。人口の変化は、労働力、市場、社会的圧力、経済的機会にとって最も基本となる動きである。すでに起こった人口の変化は逆転しない。しかもその変化は早くその影響を現す。

しかし私の知るかぎり、「人口構造の変化は、わが社にとっていかなる意味をもつか」「雇用と労働力に関して、いかなる意味をもつか。新しい市場に関して、いかなる意味をもつか。市場の基本的な構造をどのように変えるか」「わが社の顧客にとって、いかなる意味をもつか。わが社の製品にとって、いかなる意味をもつか。わが社の事業全体に、いかなる意味をもつか」を考えている企業はほとんどない。

事実、すでにアメリカでは急速な伸びを示す二つの市場が現れている。しかしそのいずれについても、いかなる経営書も触れていない。

その一つが余暇市場である。これまで同一の範疇にあると思われていなかった製品やサービス、すなわちボウリング、キャンプ、芝生の手入れ、ペーパーバックの本、生涯教育などの市場である。

これらのすべてが競争関係に入った。いずれも、金よりも稀少なもの、すなわち自由時間を必要とする。資格をとるために夜学に行く若い技術者や管理者には、ボウリングや芝生の手入れの時間はない。

この余暇市場では、人は所有のためではなく、行動のために支出する。製品とサービスの間にいかなる違いも認められなくなる。彼らにとって意味があるのは時間である。この余暇市場は、報われるところの大きな成長市場である。しかし、それは同時に競争の激しい難しい市場である。

もう一つの成長市場は事務用品市場である。すなわち、家庭用の消費財ではないにもかかわらず生産財でもない製品やサービス、タイプライターやコンピュータなど、知識労働者の生産性を上げるための製品やサービスの市場である。

(2) 知識

すでに起こった未来を探すべき第二の領域は、知識の領域である。しかし知識を自らの企業に関わる知識に限定してはならない。なぜならば、未来においては自らの企業そのものがいまとは違うものになっているからである。そして企業は、その卓越性の基盤とすべき知識の領域においてこそ、いまとは違うものにならなければならないからである。

したがって、現在の企業に直接の関係のあるなしにかかわらず、あらゆる知識の領域において、すでに起こった未来を探さなければならない。

大きな影響がまだ現れていない基本的な知識の変化がすでに起こっていることを見つけたならば、当然、「期待すべき機会は存在するか」を検討しなければならない。

知識の領域における大きな変化であるにもかかわらず、ほとんどの企業がまだ直接関係があるとは考えていないものの例として、行動科学の進歩がある。特に心理学の学習理論はこの三〇年間に大きな発展を見せている。今日の企業活動には、関係がないように見えるかもしれないが、そこで得られた知識は、教育の形態だけでなく、教育と学習の機材、学校の設計と設備、さらには企業における研究活動の組織とマネジメントに大きな影響をもたらす。

出版業から建設業にいたる広範な産業が、それらの新しい知識を製品やサービスに変える人たちによって、大きく影響を受ける。

(3) ほかの産業、ほかの国、ほかの市場

第三の領域は、ほかの産業、ほかの国、ほかの市場である。これらのものに目を配り、「われわれの産業、国、市場を変える可能性のあることは起こっていないか」を考えなければならない。

一九五〇年代の初頭、日本の電機メーカーは日本の所得水準はまだテレビが普及するほどではないし、特に農家には買う余裕はないと考えた。そこで彼らは当初テレビの生産を抑えた。ところが、当時まだ中堅企業だったあるメーカーが、そのような考えが正しいかどうかをアメリカ、イギリス、ドイツなどほかの国の状況を調べて検証した。その結果、それらの国でもテレビは低所得層が簡単に手に入れられるものではなかったが、値段が問題にならないほど大きな満足を与えていることが明らかになった。

いずれの国でも貧しい人たちはテレビの顧客になっていた。所得からすれば高すぎるはずのテレビを買っていた。そこでこのメーカーは高価な大型テレビを売り出した。しかも農家に対

して集中的に販売促進を行った。
その一〇年後、日本では、都市部低所得層の三分の二、農家の半数以上がテレビを所有するようになった。高価な大型テレビがよく売れた。そのメーカーは今日では大メーカーに成長している。

(4) 産業構造

第四の領域は、産業構造である。「産業構造において大きな変化は起こっていないか」を検討しなければならない。例えば今日、あらゆる産業界で起こっている変化の一つが素材革命である。かつては完全に別のものだった素材の流れの境界が、消滅するか曖昧になっている。

わずか一世代前には、あらゆる素材の流れがその始点から終点にいたるまで別々になっていた。木が原料となるのは紙だった。逆に紙は木だけからつくられていた。同じことがアルミ、石油、鉄鋼、亜鉛などほかの素材にもいえた。それらの素材からつくられる製品は、特定の最終用途をもっていた。言い換えると、たいていの場合、素材によって最終用途は決まっていた。物質が用途を規定し用途が物質を規定していた。

しかし今日、素材の流れは始点も終点も多様化している。例えば、木は紙だけではなく多様な最終製品となっている。逆に、紙と同じ機能をもつものは、木だけでなく多様な物質からつくることができる。

最終用途においても、新しい素材がこれまでの素材の補完物というよりも、むしろ代替物になっている。例えば紙は、衣料の原材料になろうとしている。異なる物質が同一の目的のために使われる領域が広がっている。

生産工程さえもはや独自性を失った。製紙業はプラスチックの生産や加工の技術を取り入れている。繊維産業も製紙のプロセスを参考にしている。

こうして、あらゆる素材産業が事業の変化を予感している。すでに多くの企業が、この変化の対策を講じている。例えば、アメリカのある大手缶メーカーは、ガラス、紙、プラスチックの容器メーカーを買収している。

しかし、基本的な変化が、自らの事業どころか、経済にさえ関係のない外の世界で起こっていることを認識している企業は、私の知るかぎりほとんどない。

すなわち、かつては物質そのものが問題であったが、今日では素材としての物質が問題なのであって、しかもその素材なるものの定義さえ難しくなっている。しかしいずれにせよ、一つの素材をもって自らを定義する企業は、すでに陳腐化したといってよい。

(5)企業の内部

第五の領域として、企業の内部にも、すでに起こった未来を見つけることができる。そこにも、基本的かつ不可避的な変化であって、影響がまだ現れていない事象を発見するための鍵がある。

その一つが企業内の摩擦である。何かを導入したとき揉め事が起こる。新しい活動が組織内に変化を引き起こし、すでに受け入れられているものと対立する。すなわち知らずして急所に触れる。

アメリカの企業では、製品企画なる部局を、新しい職能すなわち新しい仕事として設置しようとすると必ず摩擦が起こる。どこに置くかが問題になる。マーケティングに置くべきか、研究開発やエンジニアリングに置くべきか。

しかし実際には、この対立は、この新しい職能をめぐるものではない。それは、もしマーケティングに置くならば、ほかのすべての職能が二義的な存在となり、しかも成果を生む職能としてではなく、コストセンターとして位置づけられるであろうことが、浮き彫りにされてくるからである。

そしてそこから大がかりな組織改革にまで話が進むに違いないからである。単なる製品企画という一部局の問題に対し、激しい反応が現れるのは、この組織改革に対する懸念が原因である。

AT&T（アメリカ電話電信会社）が一〇年ほど前、商品化部門を新設した。実際に影響を受ける者はいなかった。だがそれはマネジメントに大きな動揺をもたらした。すなわち、その意味することは、七五年間AT&Tが目的としてきたものが達成されたことを認めるということだった。アメリカの全世帯および全企業に電話を引くという目的は達成されていた。電話架設というAT&Tの市場は、ついに飽和に達した。

したがって、これからの成長は、新規加入の勧誘ではなく電話利用の増大によって図らなければならなくなっていた。このすでに起こった変化は、電話事業にとって、機会とリスクが大きく変わることを意味した。商品化部門の新設をめぐる動揺は、その最初の兆候にすぎなかった。

目的を達成した事業や活動は、大きな変化の時代に入る。しかしそのような事業や活動に従事する者のほとんどが、その後も長らく、すでに達成した目的をなお達成しようとして働く。したがって、そのようなときこそ、すでに起こった未来という機会を発見すべき時期にあることになる。

先進工業国では普通教育の目標は達成された。しかし、それらの国では、今日にいたるも、義務教育年限の延長を最大の課題としていた過去二〇〇年間において有効だった目標に基づいて考え、行動している。

この新しい現実が受け入れられるには、世代の交代を必要とする。そして、状況の変化を理解し、何が可能になり、何が必要になったかを知る教育機関が、まず明日の教育のリーダーシップを握ることになる。

競争相手が、達成された目的をさらに達成すべく相も変わらず同じ努力をしているとき、目的が達成されたことを認識し努力の方向を転換した企業が、明日のリーダーシップを握る。

新しい現実が見える

ここで、重大な問いが出てくる。「予測されているものは、今後一〇年、一五年、二〇年後に起こるものなのか」であり、「本当は、すでに起こっているものなのではないか」である。実は、ほとんどの人は、すでに見てしまったものしか想像できない。一般に受け入れられている予測というものは、実は、未来についての予測ではなく最近起こったことについての報告であることが多い。

このことを教える有名な例がアメリカにある。一九一〇年前後、ヘンリー・フォードの事業が成功し始めた頃、やがて自動車は国民の輸送手段になるであろうとの予測が現れた。しかし、それには少なくとも三〇年はかかるだろうとされていた。

そのとき、ウィリアム・C・デュラントが、「それはすでに起こっているのではないか」という問いを発した。そしてこの問いを発するや答えは明らかだった。まだはっきりと現れてはいなかったが、すでにそれは起こっていた。すでに国民は自動車を金持ちのおもちゃとしてではなく、輸送手段として見ていた。

つまり、もはや自動車メーカーは、大量生産の大企業でなければならなくなっていた。デュラントは、この洞察からGMを構想し、新しい市場と機会を利用すべく中小の自動車メーカーと部品メーカーを吸収合併していった。

したがって最後に発すべき問いは、「われわれ自身は、社会と経済、市場と顧客、知識と技術をどう見ているか。それは、いまも有効か」である。

イギリスの中流以下の家庭の主婦は、食品の購入や食事について徹底して保守的であるとされていた。しかし食品流通業のある二社は、すでに一九四〇年代後半に、「それは、いまも有効か」との問いを発し、その答えがノーであることを知った。第二次世界大戦による食糧難を経験し、保守的だったイギリスの主婦も新しい食品や流通に慣れ、新しいものを進んで試すようになっていた。

すでに起こった未来を見つけ、その影響を見ることによって、新しい知覚がもたらされる。新しい現実が見える。まず必要なことは見えるようにすることである。できることやしなければならないことは、そのあと簡単に見つかる。

言い換えるならば、機会とは、遠くにあるものでも曖昧模糊たるものでもない。しかしまず初めに新しい事態を認識しなければならない。

いくつかの例から明らかなように、未来を知るうえで、すでに起こった未来を見つけるという方法はきわめて有効である。

—

もちろん、そこには大きなリスクがある。それは、起こりつつあると信じていること、もっと悪いのは、起こるべきであると信じていることを実際に起こっていることとして見てしまうことである。このリスクはきわめて大きい。したがって内部の者が一致して歓迎するものの見方については、常に疑ってかからなければならない。もしみんなが「これこそ、待っていたものである」というならば、事実の報告ではなく願望の表明にすぎないおそれがある。

すでに起こった未来を見つけるという方法が有効なのは、深く染みついた考え方や、仕事の仕方や習慣に疑問を投げかけ、ひっくり返すからである。企業の構造とまではいかないにしろ、企業活動のすべてについて、変革のための意思決定を余儀なくさせるからである。すなわち、今日とは違う企業をつくるための意思決定をもたらすからである。

ビジョンを実現する

将来いかなる製品やプロセスが必要になるかを予測しても意味はない。しかし、製品やプロセスについていかなるビジョンを実現するかを決意し、そのようなビジョンの上に、今日とは違う事業を築くことは可能である。

未来において何かを起こすということは、新しい事業をつくり出すことである。すなわち、新しい経済、新しい技術、新しい社会についてのビジョンを事業として実現するということである。大きなビジョンである必要はない。しかし今日の常識とは違うものでなければならない。

ビジョンは企業家的なものでなければならない。事業上の行動を通じて実現すべきものでなければならない。それは、富を生む機会や能力についてのビジョンである。

したがって、「未来の社会はどのようなものになるべきか」という社会改革家や、革命家や、哲学者の問いからは答えは出てこない。企業家的なビジョンの基礎となるものは、「経済、市場、知識におけるいかなる変化が、わが社の望む事業を可能とし、最大の経済的成果を可能にするか」との問いである。

このアプローチは、歴史家の目には、際立って個別的に見える。そのため彼らはこのアプローチの重大さを見過ごし、それがもたらす影響に気づかない。もちろん偉大な哲学的ビジョンが深遠な影響を与えることはある。しかし現実にはそれほどはないといってよい。

これに対し、事業上のビジョンは、限定された世界のものではあっても、その多くが世の中を変える。イノベーションを行う者は、全体として見るならば、歴史家たちが認識しているよりもはるかに大きな影響を人類の歴史に与える。

企業家的なビジョンは、社会や知識のすべての領域にわたるものではなく、一つの狭い領域についてのものであるという事実にこそ、活力の源泉がある。こうしたビジョンをもつ者が、経済や社会に関わるほかのことについては、間違った考え方をしていることは大いにありうる。しかし自らの事業の焦点において正しければ問題ではない。成功に必要なものは、ある小さな特定の発展だけである。

IBMを築いたトーマス・ワトソンは、技術の進歩については、まったく理解していなかった。しかし彼は事業を築く基礎としてデータ処理なるビジョンをもっていた。彼の事業は、長い間タイムレコーダーという日常的な製品に限られていた。しかし自分とはまったく関係のなかった戦時中の研究から、データ処理を可能とする技術すなわちコンピュータの技術が生まれたとき、彼の事業はすでに飛躍の準備ができていた。

一九二〇年代、ワトソンがパンチカード機器の設計、販売、設置という変哲のない小さな事業を経営していた頃、アメリカのブリッジマンやオーストリアのカルナップなどの数学者や論理学者が次々に研究を発表していた。彼らが、アメリカの中小企業IBMのことを知っているはずはなかった。自分たちの研究をIBMに結びつけて考えることなどさらにありえなかった。

しかし、第二次世界大戦中に新しい技術が現れたとき、それを実用化したのはワトソンのIBMであって彼らの哲学ではなかった。

リチャード・シアーズ、ジュリアス・ローゼンウォルド、アルバート・ローブ、ロバート・E・ウッド将軍など、シアーズ・ローバックを築いた人たちは、社会について関心と想像力をもっていた。しかしアメリカの経済を変えようなどと考えた者は一人としていなかった。伝統的な階層別市場に対立するものとして大衆市場の概念をもつにいたったのでさえ、かなりあとのことだった。

だがシアーズ・ローバックは、設立の当初から、貧しい者の金も、金持ちの金と同じように、購買力に転ずることができるはずであるとしていた。もちろんそのような考えは新しいものではなかった。社会改革者や経済学者がすでに何十年も前から唱えていた。現実にヨーロッパでは、この考えから協同組合運動が生まれていた。しかしアメリカでは、この考えに基づく最初の事業が、シアーズ・ローバックだった。

同社は、「いかにして田舎の農民を小売業の顧客にすることができるか」という問いからスタートした。答えは「都市と同じように、信頼できる製品を低価格で手に入れられるという保証を与えればよい」という簡単なことだった。だが当時においては、そのような考えはあまりに大胆であって革命的でさえあった。

仮説や構想を事業に転換する

偉大なイノベーションは、理論上の仮説を現実の事業に転換することによって、これまで実現されてきた。

世の中に最大の影響をもたらした企業家的なイノベーションは、フランスの社会哲学者サン＝シモンのビジョンを投資銀行として具体化したことである。彼は、セイの企業家の概念から出発して、資本の創造的役割を中心とするシステムを構想した。その構想は、彼の弟子であるペレール兄弟が一九世紀半ばにパリに創立したクレディ・モビリエにおいて現実のものとなった。

クレディ・モビリエは、資本に方向づけを行うことによって、産業を発展させることを目的とした。当時まだ産業の発展を見ていなかったヨーロッパ大陸、特にフランス、オランダ、ベルギーの銀行の原型となった。

やがて、ドイツ、イタリア、スイス、オーストリア、スカンジナビア諸国において、それぞれの国の産業の担い手となる銀行が設立された。南北戦争後のアメリカにも大西洋を渡ってやって来た。産業発展に寄与したジェイ・クック、大陸横断鉄道の資金を賄ったアメリカン・クレジット・モビリア、J・P・モルガンはすべてペレール兄弟の追随者だった。近代日本の経済を築いた日本の財閥も同じだった。

しかし、ペレール兄弟の最も忠実な弟子はソ連である。資本の配分による計画化という考えは、まさにペレール兄弟のものである。ソ連が行ったことは、銀行家の代わりに国家をもってきたことだけだった。そもそもマルクスにはそのような考えはなかった。特に経済の計画化の考えはなかった。

今日、発展途上国で設立されている開発銀行のたぐいはすべてクレディ・モビリエの後裔である。しかしそれでも、ペレール兄弟自身は一国の経済を変えるために銀行をつくったのではなかった。彼らは、利益をあげるために銀行という事業を始めた。

同じように、近代化学工業は、すでに存在していた構想を事業に発展させることで生まれた。

近代化学工業は、本来はイギリスで育たなければならなかった。一九世紀の半ば、イギリスには、化学製品にとって主要な市場となるべき高度に発達した繊維産業があった。

しかも当時、イギリスは、科学の世界においてリーダーシップを握っていた。事実、近代化学工業は、イギリス人による発見、すなわち一八五六年のパーキンによるアニリン染料の発見から始まった。

しかし、パーキンによる発見の二〇年後の一八七五年頃には、この新しい産業のリーダーシップはドイツに握られていた。ドイツの企業家たちが、イギリスにはなかった企業家的な構想、すなわち有機化学における科学的探求の成果を、市場向けの応用に発展させるというビジョンをもって仕事をしたのだった。

企業を偉大な存在へと成長させるビジョンは、さらにはるかに簡単なものであることがある。

歴史上最も強力な民間企業は、第二次世界大戦後に解体される前、世界中で一〇〇万人を雇用していた日本の三井家と思われる。この数字は三井の解体を命じたGHQ当局による公式の推定である。

三井の起源は、一七世紀の半ばに当時の江戸で開店した世界最初の百貨店だった。事業の基底にあった企業家的構想は、単なる仲介者としての商人ではなく、経済活動における主役としての商人という考えだった。

このことは一方において、定価販売を意味した。他方において、職人や生産者の代理人としての活動はしないということを意味した。自らの責任において、自らの仕様に従った製品を仕入れることを意味した。

もともと貿易では商人が主役だった。日本の場合、一六五〇年頃に海外貿易は禁止されたが、三井はその海外貿易における商人像というビジョンを使って国内の商業を築いた。

模倣による実現

企業家的なビジョンが、ほかの国やほかの産業でうまくいっているものを真似するだけのこともある。

スロバキア出身のトーマス・バタは、第一次世界大戦後アメリカからヨーロッパに戻ったとき、スロバキアやバルカン諸国でも、アメリカと同じように普通の人が靴を履けるようになるはずだと考えた。バタは、「農民が裸足なのは、貧しいからではなく、単に靴がないからだ」といった。

靴を履いた農民というビジョンを実現するうえで必要なものは、アメリカと同じように、規格化された安くて長もちする靴を供給することだけだった。わずか数年で、彼はヨーロッパ一の製靴業を築き、ヨーロッパ一の業績を誇る企業をつくりあげた。

未来において何かを起こすには、特に創造性は必要ない。必要なものは天才の業ではなく仕事である。ある程度は誰にでもできることである。想像力に富むビジョンのほうが成功の確率が高いわけではない。平凡なビジョンがしばしば成功する。アメリカを手本に靴づくりを行うというバタの構想は、フォードとその流れ作業に強い関心を寄せていた一九二〇年当時のヨーロッパでは、何ら目新しいものではなかった。意味があったのは、才能ではなく勇気だった。

未来において何かを起こすには、進んで新しいことを行わなければならない。「今日とはまったく違う何が起こることを望むか」を問わなければならない。「これこそ事業の未来として起こるべきことだ。それを起こすために働こう」といわなければならない。

イノベーションの議論において意味なく強調されている創造性なるものは問題の鍵ではない。すでにアイデアは、企業だけでなくあらゆる組織体に利用しうる以上に存在している。欠落しているのは、製品を超えて構想することである。製品やプロセスは、ビジョンを実現するための道具にすぎない。しかも、具体的な製品やプロセスは想像されることさえないのが普通である。

デュポンがやがてナイロンを生むことになる高分子化学の研究を始めたとき、最終製品が人造の繊維になるとは考えていなかった。研究は、有機物の分子構造の操作が何らかの成果をもたらすであろうとの考えのもとに進められた。その成果が、やがて人造の繊維として実った。

ＩＢＭの経験が示すように、ビジョンを成功に導く製品とプロセスは、現在の事業と関係のない研究から出てくることが多い。しかも、大きなビジョンをもち、そこからもたらされる事業と貢献について具体的に考えることは至難である。そのようなビジョンに人材を委ねるには、勇気を必要とする。だが未来において何かを起こすために投入する人材は少しでよい。ただし最高のものでなければならない。そうでなければ何も起こらない。

経済的な成果をあげられるか

今日欠けているものは、ビジョンの有効性と実用性を測る基準である。ビジョンが事業の未来を築くには厳格な条件を満たさなければならない。ビジョンは実用的な有効性をもたなければならない。「そのビジョンに基づいて行動を起こすことはできるか。それとも、話ができるだけか」を考えなければならない。そして行動しなければならない。

シアーズ・ローバックは、孤立したアメリカの農民に市場を与えるというビジョンのもとに動くことによって直ちに成果をあげることができた。デュポンは、高分子化学の利用というビジョンをもって直ちに研究活動を組織した。デュポンが行ったことは一人の第一級の研究者の研究活動を支援するだけのことだった。いずれにせよ、シアーズとデュポンは直ちに行動をとった。

研究に金を使うだけでは十分ではない。研究は、ビジョンを実現するためのものでなければならない。デュポンの研究プロジェクトのように、得ようとする知識は一般的であってよい。しかし成果が実用的な知識であるべきことは明らかにしておかなければならない。ビジョンはまた、経済的にも有効でなければならない。実行に移したとき、経済的な成果を生まなければならない。

ビジョンを実現するには時間がかかる。永久に実現できないこともある。しかし実現した暁には、成果としての製品やプロセスやサービスには、顧客、市場、最終用途が存在しなければならない。利益をあげて売ることができ、顧客の欲求やニーズを満たすことができなければならない。

ビジョンそのものが社会的な改革を目的としている場合もある。しかしその構想の上に事業を築くことができなければ、企業家的なビジョンではない。ビジョンの有効性の基準は、選挙での得票数や哲学者からの喝采ではない。経済的な成果であり、業績である。たとえその事業の目的が、事業としての成功ではなく社会の改革にあったとしても、ビジョンの有効性の基準は事業としての成果であり、事業としての繁栄である。

経済的な成果ではなく、社会的な成果をあげるための事業の例は、さほど多くはない。もちろんロバート・オーエンや若き日のヘンリー・フォードのように、社会改革者としての目的をもち、社会改革者としてのアプローチによって企業家として成功した者もいる。しかし、事業を通じて社会的な目的を達成することに成功した者のすべてが、必ず経済的有効性という評価の基準を容赦なく適用している。

ネーションワイド・インシュアランス社のマリ・リンカーンが行っていることもそれである。革命担当副大統領を称するマリ・リンカーンは、その生涯を協同組合運動に捧げた。彼は、営利というものをよくいわない。しかしその彼も、保険と金融という事業を通じて協同組合運動を推進していくうえで、競争相手の本格的な営利企業がそれぞれ自らに課している業績よりもさらに厳しい業績を自らに課した。

全人格的な献身と勇気

そして最後に全人格的な献身が必要とされる。「そのビジョンを心から信じているか。本当に実現したいか」「本当にその仕事をしたいか。本当にその事業を経営したいか」である。

未来に何かを起こすには勇気を必要とする。努力を必要とする。信念を必要とする。その場しのぎの仕事に身を任せていたのでは、未来はつくれない。

目の前の仕事では足りない。いかなるビジョンも、万事が順調というわけにはいかない。むしろそうであってはならない。未来に関わるビジョンのうち必ず失敗するものは、確実なもの、リスクのないもの、失敗しようのないものである。

明日を築く土台となるビジョンは不確実たらざるをえない。それが実現したときどのような姿になるかは誰にもわからない。リスクを伴う。成功するかもしれないが失敗するかもしれない。もし不確実でもなくリスクを伴うものでもないならば、そもそも未来のためのビジョンとして現実的ではない。なぜならば、未来それ自体が不確実であって、リスクを伴うものだからである。したがって、ビジョンに対する全人的な献身と信念がないかぎり、必要な努力も持続するはずはない。

もちろん、企業に働く者は、狂信的であることはもちろん、熱狂的であってもならない。起こることは望めば起こるというものではなく、たとえ起こるように最大の努力を傾けたからといって、必ずしも起こるものではないことを認識しておかなければならない。したがって、未来において何かを起こすための仕事も、ほかのあらゆる仕事と同じように、今日までの成果と明日の見通しを考慮し、続けるべきか否かを決めるべく定期的に検討していかなければならない。

しかし同時に、未来において何かを起こすために働く者は、「これが本当に望んでいる事業だ」と胸を張っていうことができなければならない。

あらゆる企業が、未来において何かを起こすためのビジョンを絶対に必要とするわけではない。現在の事業を効率的なものにすることさえできない企業やマネジメントは多い。そのような企業でも、しばらくは存続しうる。特に大企業は、歴代のマネジメントの勇気や努力やビジョンのおかげで長い間苦労しなくともすむ。

だが明日は必ず来る。そして明日は今日とは違う。今日最強の企業といえども、未来に対する働きかけを行っていなければ苦境に陥る。個性を失いリーダーシップを失う。残るものといえば、大企業に特有の膨大な間接費だけである。

起こっていることを理解できなければ、未来に対する働きかけはできない。その結果新しいことを起こすというリスクを避けたために、起こったことに驚かされるというはるかに大きなリスクを負うことになる。リスクとは、最大の企業でさえ処理できないものであると同時に、最小の企業でさえ処理できるものである。

マネジメントたる者は、自らの手に委ねられた人材に仕える怠惰な執事にとどまらないためにも、未来において何かを起こす責任を受け入れなければならない。進んでこの責任を引き受けなければならない。進んでこの責任を引き受けることが、単に優れた企業から偉大な企業を区別し、サラリーマンから事業家を峻別する。

P. F. Drucker Eternal Collection 6
Managing for Results

Part:Ⅲ

第Ⅲ部❖

事業の業績をあげる

第12章❖意思決定

あらゆる事業に求められる三つの要件

企業とその経営状況の分析には意思決定が伴い、行動が伴う。そしてその結果、新しい洞察が得られ、課題が明らかにされ、具体的な仕事が割り当てられる。同時に、評価のための基準が明らかにされる。しかし、最大の成果をあげるには、すべての仕事を一つの大きな統合された成果のための計画としてまとめなければならない。

現在の事業に成果をあげさせるには、そのための行動が必要である。他方、未来において新しい事業をつくりあげるためにも、そのための行動が必要である。しかし、現在の事業に成果をあげさせるための行動は、現在の資源を投入し事業の未来に影響を与える。また逆に、未来のための行動は現在の方針、期待、製品、知識に影響を与える。したがって、いかなる次元における行動もほかの次元における行動と一貫していなければならない。

多様な分析の結論の間には矛盾が生じうる。それらの矛盾の調整も必要である。そしてあらゆる行動についてバランスが必要である。さもなければ、ある行動がほかの行動を台無しにする。

今日の苦しい現実を明日の約束によって曖昧にしてはならない。同時に明日のための困難な仕事を今日の眼前の事象のゆえに放置してはならない。

決定した仕事はすべて、今日行わなければならない。直ちに成果が期待されていようと、遠い先に期待されていようと、仕事はすべて今日の人材、知識、資金によって行わなければならない。

あらゆる事業について、中核となるべき次のような意思決定がある。それは、「事業の定義」「卓越性の定義」「優先順位の設定」の三つである。

事業の定義

あらゆる企業が自らの事業についての定義、すなわち事業とその能力についての定義をもたなければならない。そしてあらゆる事業が代価の支払いを期待できる貢献を描かなければならない。「それはわが社の事業ではない」「それはわが社の仕事の仕方ではない」というごく簡単なことでもよい。あるいは諸々の目標についての膨大な説明でもよい。

しかし、いずれにせよ、意思決定を行う人たちが、いかに事業を見、いかなる行動をとり、あるいはいかなる行動を不相応と見るかを規定する定義というものがなければならない。事業の定義が市場に供給すべき満足やリーダーシップを保持すべき領域を規定する。

「顧客の事務管理部門に対し、近代的オフィスに必要な機器や消耗品を供給する」という簡単なものであっても、事業の定義としては十分である。市場を明らかにし市場に貢献すべきものを明らかにしている。

顧客の事務管理部門のニーズや製品、供給源や性能についての知識をもち、顧客が自力で入手するよりも価値あるものを、代わって購入するという真の商人の機能が、自らの事業であることを明らかにしている。さらに、この定義は、市場においてリーダーシップを握ること、すなわち、今日優れた満足を供給し、明日のオフィスのニーズを予見し、顧客の事務管理部門にとっての価値を供給することを表明している。

しかもこの定義は、具体的な方法については何もいっていない。実はいうべきではない。具体的な方法は、顧客が購入する製品のほとんどを自ら生産することであるかもしれない。あるいはあくまでも流通業者として、顧客に販売するものはすべて外部から買い付けることであるかもしれない。あるいはまた、購買の代行機関として手数料をもらって顧客のために購入することであるかもしれない。

この定義は具体的にいかなる製品を扱うかについても規定していない。実は規定すべきではない。なぜならば、それは、時、場所、状況に応じて決定すべきことであり、オフィスそのもの、およびオフィスに関わる技術や労働力、あるいは顧客の購買担当者によって変わっていくべきものだからである。

「わが社の事業は、高エネルギー物理の生産工程への適用である」も定義として有効である。ここでは重点は知識に置いている。「住まいに誇りをもち手入れをする住宅所有者に奉仕することである」もまた、住宅雑誌社の定義としては完全に有効である。

いくつか有名な大企業の例を見てみる。

今世紀初頭にセオドア・ヴェイルは、「わが社の事業は公衆へのサービスである」という定義のもとにAT&Tを築き上げた。当時そのような構想は異端に近かった。公衆の利益に留意することは、企業にとって制約と弱みを意味した。しかしヴェイルは、公共のための規制を受け入れただけでなく、規制は民有民営の公益事業にとって必要であると主張した。「わが社の事業は企業の支援である」が、ペレール兄弟のクレディ・モビリエの定義だった。そして、ペレールの追随者たちすべての定義だった。

「わが社の事業は、製品の中に食品店と主婦の労力と技術を組み込むことである」は、ある加工食品業者の定義である。

事業の定義が有効であるためには、成長し変化していけるだけの大きさのものでなければならない。さもなければ市場や技術が変化したとき簡単に陳腐化する。「わが社の事業はテレビ受像機である」では小さすぎる。「わが社の事業は娯楽である」では一般的にすぎる。

事業の定義は、集中を強いるものでなければならない。卓越性を獲得すべき知識を特定し、リーダーシップを獲得すべき市場を特定しなければならない。事業の定義が有効であって初めて、企業の中の人間も、「これは関わりが深いから調べてみなければならない」「これは関わりがないから何もしてはならない」ということがいえる。言い換えるならば事業の定義が事業の方向づけを行う。

そして事業の定義は実行可能でなければならない。「売れる機器とその機器のための消耗品需要をもたらす製品開発が必要である」というように、具体的な行動に結びつく結論を引き出せなければならない。

あるいは「わが社のマーケティング組織と流通の能力に適合した製品とプロセスを開発しなければならない。それらに適合しない製品やプロセスは、他社に売却するか、ないしは特許を売るところまで開発すれば十分である」といえなければならない。

あるいは、もう一つ例を挙げるならば、「わが社は、システム・デザインとシステム・マネジメントの能力が必要とされているかどうかだけに関心がある」というように、具体的な行動に結びつけられなければならない。


事業の定義から出てくる最も重要な結論の一つは、事業の規模に関わる意思決定である。「大規模になろうと努めるべきか。それとも小規模にとどまっているほうがよいか」

事業に絶対的な大小はない。事業の規模は市場や競争相手との比較によって規定される。もちろん成長を目指す事業は、小規模にとどまるほうが優れた業績をあげられる事業とは異なる方針、異なるマネジメントをもつことを必要とする。

有効な定義のもとに自らを定義できない企業は、やがてあるべき形を見失い、マネジメントすることが不可能になるほどいろいろなことを行おうとするようになる。このことは、あまりに広い一般的な定義しかできずに、いかなる領域における卓越性が必要かを特定できない事業についてもいえる。電機産業や化学工業という定義では、あまりに一般的であって、五〇年前、六〇年前は意味があったとしてももはや有効ではない。運輸や通信もあまりに広すぎて意味をなさない。

そのようなあらゆるものを含む言葉でしか自らを定義することができないとすれば、あまりにも多くのことを行っているために何一つうまく行うことができない状態にあるとみてよい。

独自の意味ある構想をもつ複数の事業の統合体として、一定の知識と方向性と目的をもって企業をマネジメントすることはできる。

しかし、対象とする市場や、その卓越性を適用すべき知識の領域がまるで異なるものの寄せ集めであるような企業は、マネジメントすることができない。遅かれ早かれマネジメントすることが不可能となる。

そのような企業は、ひとたび経済的な業績や活力に関わる試練、すなわち景気後退に遭うならば深刻な危機に立つことになる。

事業についての有効な定義をもてないことは危険信号である。市場や顧客と無関係に事業を行っていることになる。さらには共通の知識や労力の相乗効果を実現する真の多角化ではなく、知識や

労力とは関係のない分散を行っていることになる。

有効性という要件を満たさない事業の定義は、そもそもが間違った定義である。しかしそれを知るための方法は経験しかない。

事業の定義とは、つまるところ本書において繰り返し提起してきた三つの問いに対する答えを集約したものである。

- わが社の事業は何か。
- わが社の事業は何でなければならないか。
- わが社の事業は何にならなければならないか。

事業の定義とは、目的を確立し目標と方向を設定すべきものである。それはいかなる成果に意味があり、いかなる評価基準が真に適切かを定めるものである。

卓越性の定義

事業の定義と密接に関連するものとして、卓越性の定義がある。卓越性とは、常に知識に関わる卓越性である。すなわち、事業にリーダーシップを与える何らかのことを行いうる人間能力のことである。事業の卓越性を明らかにするということは、その事業にとって真に重要な活動が何であり、何でなければならないかを決定することである。

成功している大企業の例に明らかなように、卓越性にはいろいろな定義が可能である。

GMは、明らかに、事業の発展や事業のマネジメントにおける卓越性を重視している。これに対しGEは昔から、従業員に対し、事業を気にせず科学者や技術者として卓越するよう奨励してきている。またIBMは、ごく最近まで、売上げと顧客を生む能力を重視し地域ごとの販売責任者を中心に据えてきている。

卓越性の定義の適切さを判定できるのは経験だけである。しかし有効でない定義を知るための判断基準はある。卓越性の定義は、事業に弾力性や成長と変化の余裕をもたせることができるように、大きく、しかも集中が可能なように範囲を特定するものでなければならない。

自らの卓越性を狭い専門分野、例えば高分子化学や財務分析というように定義する企業は、自らを貧血状態に陥れることになる。逆に、職業別電話帳の見出し、すなわちAのアカウンタント（会計士）からZのジッパーリペア（ファスナー修理）にいたるあらゆる能力を列挙しているようでは、いかなる領域においても凡庸以下の成果しかあげられない。あらゆる方面に優れるということは、あらゆる方面に無能だということである。

卓越性の定義が有効であるためには、実行可能であって、直ちに行動できるものでなければならない。それは、人事の決定すなわち「誰を何に昇進させるか。どのような人たちを採用するか。どのような人たちをどのような条件によって惹きつけるか」の決定の基礎となるものでなければならない。

卓越性の定義を頻繁に変えることはできない。それはすでに、かなりの程度、従業員とその価値観、行動に体現されているからである。しかし永久に変わらないという定義はない。それは定期的に見直し、そのつど新しく考えていかなければならない。

この一五年ほどの間に、ＧＥとＩＢＭは卓越性の定義を拡大した。ＧＥは、自らの規模の変化そして特に市場の変化に伴い、中心的な卓越性としてマネジメントの能力を加えた。ＩＢＭは、コンピュータのために科学や技術の卓越性を重視するようになった。

事業の定義、構造、市場、知識に変化があれば、必要とする卓越性の定義もやはり変えなければならない。

優先順位と劣後順位の決定

事業を、いかに組織化し単純化したとしても、なすべきことは常に、利用しうる資源に比してははるかに多く残る。機会はそれらを実現するための手段よりも多い。したがって、優先順位を決定しなければ何事も行えない。

そしてこの優先順位に関わる意思決定においてこそ、企業そのもの、その経済的な特性、強みと弱み、ニーズについての最終評価が反映されなければならない。

優先順位の決定が、よき意図を成果をあげるコミットメントへと、洞察を行動へと具体化する。優先順位の決定がマネジメントの視点と真摯さを語る。そして優先順位の決定が、基本的な行動と戦略を規定する。

誰にとっても、優先順位の決定はそれほど難しくない。難しいのは劣後順位の決定、なすべきでないことの決定である。延期は放棄を意味する。一度延期したものを復活させることは失敗である。このことが劣後順位の決定をためらわせる。

優先順位の決定においては、機会と資源の最大利用の原則を適用しなければならない（第9章参照）。数少ない大きな機会に対し、同じく数少ない一級の人材を割り当てないかぎり優先順位を決定したことにはならない。潜在的な可能性を顕在化させたり、未来において何かを起こすための大きな機会に対しては、目前の確実ではあっても小さな機会は犠牲にして、ふさわしい人材を割り当てなければならない。

しかし、優先順位の決定に関して本当に重要なことは、決定したことは断固行わなければならないということである。優先順位の決定と実行を苦しいものとして回避し、成り行きに任せるくらいならば、たとえ間違っていても自ら意思決定を下し、それを実行に移したほうが害はない。

事業の定義、卓越性の定義、優先順位の決定は体系的に行うことができる。あるいは緊急ではあるが些細なことの決定の結果として行われることもある。トップマネジメントによって行われることもあれば、ある種の技術的な細かな問題の処理が企業の性格や方向を決定するように、ずっと下のほうの人間によって行われることもある。

しかし、いかなる方法によってであるにせよ、あるいはいかなるレベルにおいてであるにせよ、とにかく事業においては、決定は日常行われている。決定が行われなければいかなる行動もとりえない。

それらの意思決定のための処方箋はない。しかし、その重大性を自覚せずに行き当たりばったりに決定を行うならば、その答えは必然的に間違ったものとなる。意思決定は、それが正しいものとなる可能性を高めるためだけにでも、体系的に行わなければならない。それは、トップマネジメントが権限を委譲したり、他人任せにしたりすることのできない責任である。

第13章❖事業戦略と経営計画

戦略的に意思決定すべき四つの領域

経営計画は次のことを決定しなければならない。

第一に、追求する機会、進んで受け入れるリスク、受け入れることのできるリスク。

第二に、事業の範囲と構造、特に専門化、多角化、統合のバランス。

第三に、目標を達成するための時間と資金。新事業の設立と、買収、合併、合弁とのバランス。

第四に、経済情勢、機会、成果達成のための計画に適合した組織構造。

正しい機会と正しいリスク

事業においては、リスクを最小にすべく努めなければならない。だがリスクを避けることにとらわれるならば、結局は最大にしてかつ最も不合理なリスク、すなわち無為のリスクを負う。しかも無為の理由づけはいくらでも見つけられる。

リスクの有無を行動の基盤としてはならない。リスクは行動に対する制約にすぎない。いかなる機会を追求できるかは、事業の経済的な分析から出てくる。それらの機会を全体として検討し分類しなければならない。

機会には、「付加的機会」「補完的機会」「革新的機会」の三つがある。

付加的機会

付加的機会とは、既存の資源をさらに活用するための機会である。したがって付加的機会は事業の性格を変えない。

既存の製品ラインを新しい成長市場へと伸ばしていくことは、付加的機会である。例えば、製紙メーカーが印刷業者の市場から事務用コピー用紙の市場へと進出することは、たとえ製品や販売方法は大幅に変わろうとも、付加的機会への取り組みである。

付加的機会に対しては、高度の優先順位を与えてはならない。付加的機会から得られる利益は限定されており、したがってそれに伴うリスクも小さくなければならない。また、付加的機会が後述する補完的機会や革新的機会の資源を奪うことがあってはならない。

補完的機会

これに対し補完的機会とは事業の定義を変える機会である。それは、現在の事業と結合して、それぞれが別個のものであったときよりも、大きな総和をもたらすような新しい事業の機会である。

製紙メーカーが、紙とプラスチックを使用している包装加工業者を吸収合併してプラスチック分野に進出することは補完的機会の利用である。

補完的機会を利用するにあたっては、常に、少なくとも一つの新しい知識において卓越性を獲得しなければならない。したがって補完的機会の利用には客観的な自己評価を必要とする。すなわち、「わが社は新しい種類の卓越性を獲得し、維持し、報奨するために、進んで自らを変える気はあるか」と自問しなければならない。

ある大手機械メーカーが、プラスチック素材の成型加工について自社の研究所が開発した最新技術を利用するため、有機化学に進出した。しかしこのメーカーは、新設の化学部門を機械部門のようにマネジメントしようとして、機械部門と同じ種類の人材を配置し、同じ仕事の仕方を続けた。

そのためプラスチック分野への巨額の投資にもかかわらず、利益をあげるどころか、競争相手のために市場を創造するだけという結果に終わった。そのメーカーは、結局はかなり大きな損失を出してその化学部門を整理せざるをえなくなった。

補完的機会にはリスクが伴う。むしろリスクがないならばその機会は幻として退けなければならない。したがって、補完的機会は、事業全体の富の創出能力を数倍にしてくれるものでなければ機会とはいえない。

革新的機会

これらの機会に対し、革新的機会は事業の基本的な性格と能力を変える。その典型が、実現のためには革新を必要とするが、もし成功するならば異常なほど大きな成果をもたらしてくれるという「制約の除去」である（第10章参照）。

革新的機会の実現には非常な労力を必要とする。そのためには、第一級の資源、特に第一級の人材を充てなければならない。膨大な投資までは必要としなくとも、多額の研究開発費を必要とする。しかもリスクは常に大きい。したがって、最も控え目に見た場合でも、利益はきわめて大きくなければならない。そうでなければ、それは小さな機会にすぎず、追求する価値はない。

目をみはる成長を遂げたゼロックスの物語こそ、革新的機会の成功物語である。その技術は、事務用コピーに対する大きな制約を除去するために開発されたものだった。かなりの数の大企業に持ち込まれたが、製品化のリスクがあまりに大きくコストもあまりにかかると断られてい

たものだった。

ゼロックスの前身たるハロイド社は、この話に乗った頃はごく小さな企業にすぎなかった。しかし同社は、実用化にいたる間、四〇〇〇万ドルを借り入れて研究開発に投じた。その成果は異常なまでに大きく、しかも急速にもたらされた。

未来において何かを起こそうとするならば、革新的機会を軽く見ることはできない。革新的機会こそ未来において何かを起こす典型的な機会だからである。だがそのために必要とされるものはあまりに大きい。したがって成功の暁には、常に単なる製品の追加ではなく新しい産業の創出がもたらされなければならない。

機会はまた、それぞれの企業に適合しているかによっても分類することができる。

アメリカの大手雑誌出版社であるタイムは一般向けの雑誌以外で成功したことはない。他方、もう一つの雑誌社マグローヒルは、化学エンジニアリングなど特定の分野の限定された読者向けの雑誌でしか成功したことがない。したがってタイムにとっては、マグローヒルにとって易しい事業であっても、不適切とまではいかないにしろリスクが非常に大きいということがありうる。その逆もある。

同じように優れたマネジメントを行っている企業でありながら、一方にとっては易しく他方にとっては難しいということについては、明確な理由は見つからない。しかしそのようなことは実際にある。したがって、機会についても、過去の成功と失敗に照らして検討しなければならない。理由が何であれ、苦手な種類の機会は成功の確率が小さなくせにリスクが大きい。

そして最後に「この機会は事業の定義を実現する助けになるか。それとも横道にそらせるか」を問わなければならない。

しかし、事業の定義に合致しない機会であっても、正しい機会であることがある。事業の定義と機会の間の不調和は、事業の定義のほうを再検討すべき時が来ていることを教えているかもしれないからである。ただし、そのような場合を除き、通常は、事業を横道にそらせる機会には、負担する価値のないリスク、すなわち成功しても成果を利用できないというリスクが伴っているといってよい。

四つのリスク

もちろんリスクもまた分類しなければならない。リスクの大小は、大きさだけで判断すべきではなく、その性格によって判断すべきである。

基本的にリスクには四つの種類がある。第一に、負うべきリスク。すなわち、事業の本質に付随するリスクである。第二に、負えるリスク。第三に、負えないリスク。第四に、負わないことによるリスクである。

負うべきリスク

ほとんどあらゆる産業に負うべきリスクがある。それはほかの産業の企業にとっては耐えられないリスクである。

抗生物質、トランキライザー、ワクチンなど全身作用の新薬の開発には、治療ではなく殺人のリスクがある。

その一つの例が、奇形児という恐るべきものを残した一九六〇年から六二年にかけてのサリドマイド禍だった。もう一つの例が一〇年前の小児麻痺ワクチンによる死亡事故だった。いずれの場合も、悲劇を完全に防ぐことはできなかったかもしれない。われわれは人体の作用についてあまりに知らず、全身作用の薬について副作用をすべてテストするための方法を知らない。

そのような種類の薬を市場に出すことは、医薬品メーカーにとっては破滅的である。激しい苦しみであるとともに、自信と自尊心を傷つける。医薬品メーカーとして成功するには、治療を助けるか、あるいは少なくとも苦痛を軽減するという使命の尊さを信じていなければならないからである。それでもなお、新薬の開発に伴うリスクは、製薬に携わるからには負うべきリスクである。だが私の知るかぎり、そのようなリスクを進んで負うなどという企業は、医薬品業のほかにはない。

ほかの三つのリスクは、このリスクに比べれば劇的ではないが、あらゆる種類の事業につきもののものである。

負えるリスク

機会の追求に失敗して多少の資金と労力を失うというリスクは、負えるリスクである。失敗したならば存続できないほど多額な資金がかかるのであれば、もともとその機会は追求してはならない機会である。

したがって、あらゆる新しい機会について、「もし完全に失敗したとき、起こりうる最悪の事態は何か。わが社は破滅するか。永久にハンディを負うことになるか」「つまりそれは、わが社にとって負えるリスクか、負えないリスクか」を問わなければならない。

負えないリスク

負えないリスクとは、負えるリスクの反対のものである。ただし、それとは異なる形での負えないリスクというものがある。

その一つとして、成功を利用することができないというリスクがある。

新しい事業は、失敗してしまえば最初の資金だけですむ。成功すれば資金の追加が必要となる。資金が不足するために成功の成果を利用できないならば、それはもともと負えないリスクである。

それに劣らず深刻であって、しかもさらによく見られるリスクが、成功しても知識や市場が欠けているためにその成功を利用することができないというリスクである。

したがって、新事業への着手にあたっては、成功を利用できるか、小さな成功を大事業に発展させるための資金を調達できるか、必要となる技術やマーケティングの能力はあるか、それとも誰かのために機会をつくるだけか、を問わなければならない。

負わないことによるリスク

負わないことによるリスクの典型は革新的な機会に伴うものである。

その古典的な例が、第二次世界大戦直後のＧＥの原子力発電への進出だった。ＧＥは、原子力を経済的な電力源にできる可能性は低いと見ていた。しかし発電機メーカーとしては、万一実用化されたとき取り残されるというリスクを負うわけにはいかなかった。こうしてＧＥは、当時賭けにも等しかった原子力発電に多額の投資を行い、一級の生産的な人材を投入した。

しかし、負わないことによるリスクは、もしそれを負って成功した場合には、きわめて大きな利益が得られなければならない。

選択した機会が正しいことを知る方法はない。しかし、正しい機会を選択するうえでの必要条件はある。それは次のようなものである。

- リスクを小さくすることではなく、機会を大きくすることに焦点を合わせる。

- 大きな機会は、個別に分離して検討するのではなく、一括して体系的にそれぞれの特性を中心に検討する。
- 事業に合致する機会とリスクを選択する。
- 目の前にある改善のための易しい機会と、革新のための、事業の性格を変えるような長期的で難しい機会とのバランスをとる。

専門化・多角化・統合

あらゆる企業が中核となるものをもたなければならない。すなわちリーダー的な地位に立てる領域をもたなければならない。したがって、あらゆる企業が専門化しなければならない。あらゆる企業が、その専門化から可能なかぎり多くの成果を得なければならない。そのような意味での多角化をしなければならない。この専門化と多角化のバランスが、事業の範囲を規定する。

ペアレント・マガジン社は、子供のための本、および子供についての本の出版社として、三五年の歴史を誇っていた。同社は一九六三年秋、おもちゃの小売りチェーン、F・A・O・シュワーツを買収した。この買収は、同社の専門性を変えることはなかった。同社はその専門性を活用できる分野へと多角化したのだった。

ユニリーバも、専門化と多角化のバランスのよい例である。同社の関連会社は、六〇か国以上で五〇〇社が活躍している。その構造は、部外者には理解できないほどに複雑である。同社の事業は、油脂用植物の栽培や漁業から、あらゆる種類の消費財の販売まできわめて多様である。しかし同社は、鮮魚、加工食品、洗剤、化粧品など、食品と雑貨のマーケティングに専門化している。食品雑貨チェーンから漁船団にいたるまで、同社の事業は食品雑貨に関わる専門的な知識と能力によって統一されている。

専門化と多角化に関連がなければ、生産的とはなりえない。専門化だけでは、個人営業の自由業に毛が生えただけのことである。通常、そのような事業は成長できず、一人の人間が死ねば消滅する。しかし逆に、専門化せず、いかなる卓越性もなく、単に多角化しているだけでは、マネジメントはできなくなり、ついにはまったくマネジメントされなくなる。

企業には核が必要である。すなわち、あらゆる活動を一つの知識、ないしは一つの市場に統合できなければならない。企業は、意味ある意思決定を行うための核となるべき一つの領域をもたなければならない。核となるものが存在しなければ、企業の中に共通語がなくなる。マネジメントが経営の感触を失い、何が適切かもわからなくなる。適切な意思決定を行えなくなる。

しかも同時に、企業は、急激に変化する市場と技術の世界の中にあって、必要とされる弾力性を確保するために、成果をもたらす領域を多角化しておかなければならない。企業は、製品や市場や最終用途において多角化し、基礎的な知識において高度に集中化しなければならない。あるいは、知識において多角化し、製品や市場や最終用途において高度に集中化しなければならない。この中間では、満足すべき成果はあげられない。

カミンズ社は、多角化と集中化のバランスに成功しているよい例である。しかも同社は、一方のバランスから他方のバランスへと、完全な移行に成功している。同社は、長年の間、大型トラック用ディーゼルエンジンという一つの知識領域に専門化して成功していた。そして、顧客や市場については広範に多角化し、そのディーゼルエンジンを世界中のトラックメーカーに供給していた。

しかし近年にいたって、それまで主たる顧客だった独立系のトラックメーカーが激減してきた。そこで同社は、一九六三年の秋、ついにその伝統的な方針を完全に逆転させ、当時まだ残っていた独立トラックメーカーの最大手であるホワイトモーター社と合併した。ホワイトモーターは、大型トラック以外にも、小型と中型のトラック、ブルドーザーなど、ディーゼルエンジンを使用する機器を手がけていた。

こうしてカミンズ社は、大型トラック用のディーゼルエンジンへの集中から、ホワイトモーターという元顧客への集中に移行し、広範な市場や顧客への多角化から、多様な知識と製品の多角化へと移行した。

専門化と多角化のバランスは、資源の生産性を大きく規定する。

主要な資源の間のアンバランスは、専門化と多角化のバランスの間違いに由来する（第10章参照）。その場合の解決は、専門化の便益を享受すべくいっそうの多角化を図るか、専門化の重点を変えることである。

例えば、ある小さなメーカーは、高度に訓練された大きな営業部隊を活用するために、事業そのものを流通業に変えて、専門化の中心を工場と生産工程からマーケティングと販売に移した。

しかしカミンズ社の例が示すように、専門化と多角化のバランスさえ必要に応じて変えていかなければならない。

そのよい例が、古典的な企業家すなわち途上国経済における産業家である。ブラジルにおいて最も多角化した企業帝国を完成しているマタラッゾ家のように、インドそのほかの発展途上国では少数の産業家たちが、砂糖工場、織物会社、銀行、セメント工場、製鉄工場を創設し、支配し、マネジメントしている。

彼らは、経済発展の初期の段階では、事業の育成とマネジメントという稀少な知識において専門化している。しかし経済が発展して成熟期に達すると、そのような知識は稀少ではなくなる。技術やマーケティングに関わる専門知識が決定的に重要となる。

その結果、あらゆる事業に関心をもつ産業家は不要となり、むしろ経済発展の障害となる。

彼ら自身も投資家へと転じていく。そしてやがて消えていく。

多角化のための統合、専門化のための統合

知識の大きな変化があったときにも事業の範囲は変えなければならない。卓越性に変化があったときにも専門化と多角化のバランスは再検討しなければならない。

多角化や専門化のための手段としては、合併が使われることも多い。通常、川下統合、すなわち事業の範囲を市場に向けて伸ばすことは多角化を意味する。

プラスチックの脅威を機会に転ずるために包装会社を吸収した製紙メーカーは、プラスチック技術に深入りすることなく多角化するための手段として、市場に向けての統合を利用した。これと同じ例は無数にある。

これに対して、川上統合、すなわち市場から生産、あるいは生産から原材料への統合は、専門化を意味する場合が多い。

世界中の大手アルミ製品メーカーが、多額の投資が必要であるにもかかわらず、アルミ精錬という川上統合を進めてきた。しかもアルミ地金は、戦時中を除けば不足はしていなかった。だが、アルミ製品の生産における卓越性だけでは明らかに十分ではなかった。

川下や川上への統合は、経済プロセスの各段階の間で、コストや利益の格差が大きすぎるときにも行われる。

例えばある製紙メーカーは、自らの収益力を高めるために紙の流通業者を買収した。紙の流通業ではあまり資本が必要でないうえ、資本の回転率が高いからだった。確かに好況時には製紙業のほうが利益率は高い。しかし不況時には、紙の流通業のほうが損益分岐点が低いという理由だけでもリスクが小さい。

したがって、統合の意思決定には、経済プロセス全体におけるコスト構造と、コストの流れについての分析が必要である。コストと利益の比が最も有利な経済プロセスの組み合わせが、最善の統合である。ただし、統合には硬直性という代償が伴う。

これは、直営の印刷所をつくって川上統合した雑誌社が一様に経験したことである。印刷所をもつことは、印刷工程、発行部数、発行頻度、雑誌の大きさなどの要素が縛られるということである。それらの要素が変化しないかぎり、印刷所をもつことは業績の向上につながる。しかし、それらの要素が、長期にわたって不変であるということはありえない。そのとき、いかに能率的な印刷所といえども、利益ではなくコストをもたらすものへと変わる。

専門化や多角化や統合は、影響が大きいばかりでなくリスクも大きい。したがって、それらの方法は、経済的な成果とリスクという二つの基準によって判断しなければならない。

こうして決定された事業の形態と範囲は、事業の性格を一変させるほど大きな成果をもたらすものでなければならない。二足す二は、少なくとも五にならなければならない。そして、市場や知識、製品やプロセスにおける変化によってもたらされるリスクは、事業にとって負えるリスクでなければならない。

自ら築くか、外から買うか

事業の成長は主として内部からもたらされる。したがって時間がかかる。しかし時間はある程度まで金で買える。すなわち事業は自前で築かずとも買うことができる。

時間ばかりでなく知識も、なければ金に頼るしかない。事業や製品ラインの売却、買収、合併、合弁に頼らざるをえない。

戦略としてはまず売却がある。売却は、事業や製品ラインが、ほかの者にとっていっそうの価値があるときに検討すべき戦略である。例えば、主たる事業の成長がある製品を取り残してしまった場合がある。

事業の中核が、単純な機械装置からコンピュータという高度に複雑な電子技術に移行してしまったＩＢＭにとって、タイムレコーダーはもはや事業の定義に合致しない事業だった。そこでＩＢＭは、第二次世界大戦後、この事業を売却した。

マネジメントの能力を超えて成長した事業もまた、売却すべき事業である。この種の事業の典型は、一人の有能な人間によって創立され、かなりの規模に成長した事業である。

その事業には、客観的に見てさらに大きな将来性がある。しかしなぜか、いつになってもその将来性を実現できない。理由は常に同じである。すなわちその事業は、すでに創立者やその家族の理念、考え方、仕事の仕方に合わないところにまで成長してしまったのである。

そのようなとき、マネジメントの人間が、ものの見方や考え方を変えることができないかぎり、事業は間もなく退化する。

マネジメントが事業の成長に適応できないために、いわゆる成長会社の成長が軒並み鈍化したことがあった。これが一九六二年春のニューヨーク株式市場の暴落の原因だった。

ウォール街は成長の魔力に酔い、成長会社の発掘に狂奔していた。しかし、それらの成長会社は、中小企業の段階を超えて成長するためのマネジメントをもっていなかった。それゆえ市場の期待に沿えず、そろって株価が暴落した。

事業の成功が要求するものにマネジメントが応えられず、成長できないでいる。そのような原因で成長が止まった企業にとって、唯一の救済策が売却という外科措置である。対して、自らの資源だけでは適正な規模に成長できない企業のための手段が、買収と合併である（第10章参照）。

そのような企業は、自らの規模と、市場や技術が要求する規模との格差から生ずる負担を賄うために、利益のすべてを注ぎ込まなければならない。したがって直ちに必要な規模を獲得するには、ほかの企業を買収するか、ほかの企業によって買収されるかしか方法がない。あるいは、ほかの同じように適正規模以下の企業と合併することによって、適正な規模に達するより方法がない。

二つの企業がパートナーとなって、第三の企業を設立するという合弁は、しばしば二つの企業の知識を合わせて新しい機会に取り組むための最善の方法となる。それぞれ自社だけで事業を築くにはあまりに時間がかかる。

例えば合弁は、欧米の企業が、日本のような文化の違う国で事業を行うための唯一の方法である。なぜならば、欧米の企業にとって、日本の市場、伝統、日本語を学ぶには、あまりに年月を要するからである。他方、日本の企業にとっては、技術や製品や生産工程の知識を自ら学ぶにはあまりに年月を要するからである。

したがって、合弁のそれぞれのパートナーが、互いに独自のもので貢献し合うことになる。それぞれのパートナーが、新しい市場、すなわち欧米の親会社にとっては文化の違う市場、日本の親会社にとっては技術や製品ラインの違う市場を開拓できることになる。

マネジメントなき財務的操作は不毛

時には買収が、専門化と多角化のバランスを図る最善の方法となる。新しい能力や知識を取り入れるための最善の方法となる。合併も、資源のアンバランスを強みや知識の源とするための最善の方法となる。他方、売却は、古くなった製品ラインに利益を出させるための最も手早い方法となる。

しかし実は、これら財務的な手段の利用は容易でなく、成功の条件も厳しい。もちろん人材開発、組織開発、イノベーション、事業の方向づけや見直しの代わりをつとめさせることはできない。それらのものには、あくまでも内部の努力が必要であり、時間を必要とする。

しかも、時間を金で買うことは安上がりではない。知識や資源、製品や市場に投入された時間を買うには余分のコストを払わなければならない。したがって買収にしても、得られるものが際立って大きくないかぎりコストに見合うものとはならない。そのうえ時間を金で買うことは、その後意識的な自力による努力のフォローがないかぎり成功しない。

そのよい例が、財務的な手段による買収だけで築いたウィリアム・デュラント(1)のGMだった。しかし、デュラントが財務の力によってつくったGMが生き残りうる存在となったのは、彼自身が追い出されたあとのことだった。すなわちスローンが引き継いで事業の定義を定め、マネジメント・チームをつくってからのことだった。たとえ次々と優良企業を買収しても、それだけでは結果として破滅に近いものしか手に入れられなかった。

事業をマネジメントせずに財務的な操作だけに頼るならば、必ず失敗する。

財務的な手段を利用するには、むしろ自力で成長してきた場合よりも、優れたマネジメントと困難な意思決定への意欲を必要とする。財務的な手段は時間を節約する。しかし、何年もかかる成長と発展の過程を一回の法律上の取引に集約するために、何年もかかる問題や意思決定を短い期間のうちに集約する。

いかなる合併も、新しい大きな事業を自力で発展させた場合と同数の問題、特に人間に関わる問題と、人間と人間の関係に関わる問題をもたらす。

買収にしても、最初から完全に適合したものはない。期待した成果を得るには、必ず何らかの調整が必要となる。そして合弁の場合も、それが成功するには、逆にそれぞれの親会社に対し、考え方や期待を変えさせなければならない。

財務的な手段もまた、企業のマネジメントのための手段である。代替物ではない。

第二次世界大戦後、財務的な手段によって築いた企業の典型が、カリフォルニアを本拠とする科学技術志向の企業、リットン・インダストリーズだった。同社は一九五三年から六三年にかけての一〇年で、ほとんど無の状態から売上げ五億ドルの企業へと成長した。すべて買収による成長だった。

しかし、このリットンをつくりあげたチャールズ・B・ソーントンでさえ、「わが社は、技術の激しい変化に対応するため、急いで大きくかつ強くならなければならなかった。しかし単に企業だけを買収したことはなかった。時間と市場、製品ラインと工場、研究陣と営業陣を買収したのだ」と述べている(2)。

財務的な手段は、それをマネジメントに従属させることによってのみ成功させることができる。さもなければ、結局は何も買えずに金を使っただけに終わる。時間など買えるわけがない。

組織構造と戦略

組織構造と、成果をあげ成長する能力との関係について、アルフレッド・D・チャンドラー教授は「組織は戦略に従う」といい、エディス・T・ペンローズ女史は「成長にはそのための構造が必要である」と喝破した。

もちろん、正しい組織が成果を約束してくれるわけではない。しかし、間違った構造は成果を生まず、最高の努力を無駄にする。組織の構造は、本当に意味のある成果、すなわち事業の定義、卓越性の定義、優先順位の決定に焦点を合わせたものでなければならない。

企業内の各部門を独立した事業体として位置づける分権化の大きな利点の一つは、それが事業の成果と業績に焦点を合わせているところにある。

しかしそのためには、本社のトップマネジメントのレベルにおいて、企業全体についての理解とともに、分権化された事業と企業全体の課題に対する継続的な取り組みがなされなければならない。

独自の市場や製品をもたず、したがって事業ともいえないような活動を事業部として独立させても意味はない。しかし、独自の市場と製品という二つの要件が満たされるとき、チャンドラーがいうように、分権化は企業の成果と成長に最も適した構造となる。

――――

しかし組織構造は、いかにそれが今日の事業の要求に応えるものになっていたとしても、事業の変化に応じて再検討していかなければならない。

「事業のそれぞれを事業部に独立させたことは、企業全体としての業績をあげたか。それとも、事業部の業績がよく見えるのは、企業全体を犠牲にしているからか」

「卓越性を獲得すべき努力は、事業部の責任として位置づけられているか。それとも事業部は、蔓延する凡庸性の中に没してしまっているか」

これら組織の構造に関わる問いは、常に発していかなければならない。特にそれらの問いは、一般に中小企業が組織構造に注意を払っていないという理由からだけでも、むしろ中小企業において重要な意味をもつ。

また、組織構造に関わる問題は、急成長を遂げてきた企業に見られる問題でもある。組織構造について検討を行うことは、それらの企業がマネジメントの能力を上回って大きくなり、ついには事業そのものを売却しなければならなくなることを防ぐうえで不可欠である。

本書において、ここまでずっと述べてきた事業とその成果をもたらす領域についての分析、および業績をあげるための計画に関わる仕事は、常に独立した活動として組織する必要のある仕事である。それらは際立って重要な仕事である。致命的なまでに重要な仕事である。そして作業を要する仕事である。

したがって、それらの仕事は誰かに担当させ責任をもたせなければならない。ごく小さな企業を除き、それらの仕事はあらゆる企業にとって専任の人間が行うべき仕事である。

私が本章で述べようとしてきたことは、機会とリスク、事業の範囲、財務的な戦略、組織構造という四つの重要な領域に関わる問題は、業績をあげるための計画を策定するにあたってマネジメントが徹底的に検討しなければならない問題だということである。

なぜならば、これら四つの領域における戦略的な意思決定の如何によって、事業の歩む道がその目的と大志にふさわしいものとなるか否かが大きく定まるからである。

第14章❖業績をあげる

業績をあげるための三つの能力

企業家的な計画を実現し、業績をあげるには、次のようなマネジメントの能力が必要である。

- 企業家的な計画を、特定の人間が責任をもつべき仕事に具体化する。
- 企業家的な計画を、日常の仕事に具体化する。
- 一人ひとりの人間の職務と組織の精神の中心に、業績を据える。

仕事を計画する

業績をあげるための統合された全社的な計画だけでなく、具体的な仕事のための統合された全社的な計画が必要である。もちろん、仕事のための計画の基礎となるものは、事業の定義と目標についての意思決定であり、自らの卓越性、優先順位、戦略についての意思決定である。

それらの意思決定から、最初にいくつかの目標を明らかにしなければならない。「いかなる成果が必要か。どこで必要か。いつまでに必要か」。次に、必要とされる活動を検討し、評価しなければならない。また割り当てるべき資源を選択しなければならない。

さらに、それらの活動を具体的な仕事として誰かに割り当てなければならない。あげるべき成果を誰かが責任をもつべき仕事としなければならない。そしてこの仕事の割り当てが意味をもつためには期限を定めなければならない。期限のない仕事は割り当てられた仕事ではなく、もてあそばれる仕事にすぎない。

特に知識労働については特別の注意が必要である。知識労働には、分析や方向づけ、焦点のはっきりした行動計画が必要である。通常、機械を使う者が何をすべきかは明確にして単純である。しかし机で仕事をしている営業部長は、何でもすることができる一方、何もしていないかもしれない。何も進歩していないかもしれない。にもかかわらず、知識労働について十分に検討し、意識的に方向づけを行っている企業はごくわずかしかない。

社内規定や予算に見られる知識労働についての曖昧かつあまりに一般的な定義が、その証拠である。「マーケティング全般の助言および支援」が一つの定型である。「あらゆるレベルにおける人材活用の改善」も一つの定型である。

しかし、なぜマーケティングは助言と支援を必要とするのか。そしていかなる助言と支援の

――成果を期待しているのか。いつまでに成果を期待しているのか。

特に、最も重要で高価な知識労働、すなわち、技術、市場、顧客、そのほかの領域における研究活動に関して、事業の目的と目標に焦点を合わせた仕事の計画が必要である。

今日企業においても、純粋研究、すなわち未知の新しい知識の獲得のための研究が必要になっている。しかし純粋研究といえども経済的な成果に焦点を合わせなければならない。

純粋研究は目標に対する方向づけを行うことによって生産的となる。もちろん成果を生むかどうかはわからない。成功の確率も小さい。しかしもし成果をもたらした場合には、その成果は経済的に使えるものでなければならない。

ナイロンを生んだデュポンの研究は純粋研究だった。しかしそれは明確に経済的な成果を目指していた。デュポンの事業の構想や目標と明確に合致していた。同じことは、トランジスタを生んだベル研究所の研究や合成ダイヤモンドを生んだGEの研究についてもいえた。

一九六三年のノーベル化学賞を受賞したドイツのカール・ツィーグラーやイタリアのジュリオ・ナッタの高分子化学に関する研究も完全な純粋研究だった。これも最初から経済的な成果に焦点を合わせていた。すなわち、新しい産業を創造することに焦点を合わせていた。(1)

知識労働に関しては、大きな成果を生まない仕事は行わないことが原則でなければならない。とりわけ研究活動においては、生産的でなくなったものを廃棄し、成果をあげられるものに稀少な人材を集中することが必要である。なぜならば、知識労働は異常なほどの能力をもつ人たちによって行われて初めて生産的となるからである。傑出した人たちというものは、ほかのあらゆる人間活動と同じように知識労働においても稀少である。

仕事を具体化する

新事業や、投資や、新製品のための提案は、すべて業績をあげるための計画に沿って行わなければならない。そしてそれらの提案は個別ではなくまとめて検討しなければならない。このことは、特に知識労働についていえる。そのようにして初めて、それらの提案が、資源の最適利用を実現するか、正しい機会とニーズに焦点を合わせているかを知ることができる。また、そのようにして初めて、提案された投資や新製品や新しい活動が、事業の定義の実現を目指し、企業の目標に沿ったものであるかどうかを知ることができる。

あらゆる提案が、その目的とする期待を明記しなければならない。「何が起こると想定しているか。それらの想定は、企業全体の業績をあげるための計画の基礎となっている想定と、いかなる関係にあるか」「その投資をしなかった場合、その新しい活動を始めなかった場合、その新製品を発売しなかった場合、何が起こるか」

実行によってもたらされるであろう最悪の事態を明確にしていない提案は、検討する価値がない。

同じように重要なことが、成功した場合の結果である。「もしその新しい事業が成功した場合には、われわれは何にコミットしたことになるか。そのコミットは耐えられるものか」

新しい事業のための提案はすべて、企業全体に焦点を合わせなければならない。その事業自身の成果を知るだけでは十分でない。企業全体としての経済的な能力と成果に対し、何を加えるかが問題である。

資金や労力に比して、大きな利益を約束しながら、企業全体に対する貢献はあまりにもわずかという提案がある。他方、それ自体は収支が合うにすぎないが、企業全体の成果として大きく貢献する提案がある。重要なのは特定の事業の利益ではなく、企業全体の業績に対する影響である。

新しい事業のための提案は、必ずいかなる資源、特にいかなる人材が必要であり、どこからそれらの資源を持ってくるかを明らかにしていなければならない。

新しいことを始めても、そのための一級の資源が手に入らなければ意味はない。新しく大きな仕事に必要な条件を備えた資源、特に優れた能力をもつ人材が遊んでいることは稀である。したがって、それらの人材は、現在の仕事を廃棄させるか、あるいは利益を出すだけの存在にさせることによって手に入れなければならない。

次に必要とされることは、ほぼ三年ごとにあらゆる製品とサービス、活動、その他事業に関わるあらゆることについて、体系的な見直しを行うことである。

まず期待と実績を見直さなければならない。次に「もし、この製品、活動、部門が、今日なかったとしたら、同じことをするか」を問わなければならない。答えが「否」であるならば、続いて「それではこれを継続すべきか。その理由は何か」を問わなければならない。新しいものに機会を与えるには、もはや成果を約束できない古いものは進んで切り捨てなければならない。

組織の中の人材を創造的たらしめることを望むならば、彼らの仕事や職務を古色蒼然とした仕事の維持ではなく、将来性のある新しい仕事に結びつけ、定型化したものではなく成果をあげるものに結びつけるよう事業をマネジメントしていかなければならない。

人・職務・組織の精神を中心にすえる

つい昨日まで、大企業においてすらマネジメント上の意思決定はトップマネジメントのごく数人の人たちによって行われていた。ほかの人間はそのようにして行われた意思決定の内容を実行するにすぎなかった。

しかし、今日の現実は、世界最大の民営企業であるA T ＆T のフレデリック・R・カッペル社長が、国際マネジメント会議で行ったスピーチで述べたとおりのものとなっている。

「かつてわが社の草創期において、組織の目標を定めたのは、トップマネジメントのビジョンだった。しかし今日、事業の目標や未来のビジョンはトップマネジメントだけが決めているのではない。営業部長や研究部長や開発技術部長が決めているのでもない。意思決定の責任はトップにあるが、意思決定それ自体は大勢の人たちの判断の結果として行われている」

「知識労働者が貢献できるようにするためには、何が必要で何が可能かを明らかにし、望ましい結果をもたらすための方法が何であるかを明らかにし、利用できる手段や発見すべき手段についての判断基準が何であるかを明らかにすることが必要である」

「企業は、その目標とするものを明確にし、それらを明示し、知識労働者を鼓舞しなければならない」

今日では、中小企業ですら、技能や体力ではなく知識を仕事に適用する人たちから成り立つようになっている。そしてあらゆる知識労働者が意思決定を行っている。

研究者ならばプロジェクトを続行するか中止するかを決定することによって、販売部門の経営管理者ならば最高の営業担当者にどの地域を担当させるかを決定することによって、あるいは市場調査の担当者ならばいかなる市場を市場と定義するかを決定することによって、企業としての意思決定を行っている。

彼ら知識労働者に正しい意思決定を行わせるには、いかなる成果と業績が求められているかを知らせなければならない。カッペルの言葉を借りれば「鼓舞」しなければならない。

知識労働者を監督することはできない。知識労働者は自ら方向づけを行い、自ら管理し、自らを動機づける。しかし彼らといえども、自らの知識と仕事がいかにして企業全体に貢献するかを知らなければ、それらのことを行うことはできない。

したがって、経営管理者や専門家の職務はすべて、企業全体の経済的な成果に対する貢献の観点から定義しなければならない。職務を仕事と技術という観点から定義してもよいのは、誠実な努力によってのみ貢献できる人たちだけである。知識と判断力をもち、自らの方向づけを行い、奮い立つことが動機づけとなる人たちに対しては、職務の重点を貢献と業績に置かなければならない。

そして、本当に貢献を必要とするのであるならば、それらの貢献を行った人たちに報いなければならない。つまるところ企業の精神は、どのような人たちを高い地位につけるかによって決まる。組織において真に力のある唯一の管理の手段は、人事の意思決定、特に昇進の決定である。それは、組織が信じているもの、望んでいるもの、大事にしているものを明らかにする。言葉よりも雄弁に語り、数字よりも明確に真意を明らかにする。

経済的な業績への意欲を企業の精神に浸透させるには、最も重要な昇進の決定において経済的な業績をあげる能力を重視しなければならない。そのような昇進の方針こそ、優れた業績をあげてきたGMや、デュポンやシアーズ・ローバックの最大の成功の秘密である。

ここにいう最も重要な昇進とは、本人とその職歴にとってそれがいかに重要であろうと、本人にとっての最初の昇進ではない。逆にトップマネジメントの地位への最終的な昇進でもない。トップマネジメントの地位へは、すでに選ばれた人たちの中から昇進していく。

最も重要な昇進とは、明日のトップマネジメントが選び出される母集団への昇進である。それは、組織のピラミッドが急激に狭くなる段階への昇進である。大組織の場合、その地位へは四〇人から五〇人のうち一人が上がる。その地位から上へは、三、四人のうち一人が選ばれる。その地位までは一つの領域や一つの機能のために働く。その地位からは、企業全体のために働く。

軍は、これらのことを昔から理解していた。少佐の階級までは、昇進は主として先任順に行われる。しかし、三〇人から四〇人の少佐のうち、大佐になれる者は一人しかいない。大佐になった者だけが将官になる機会をもつ。将官はこのごく少数の大佐から選ばれる。したがって軍では、昇進委員会が最も注意深く候補者をふるいにかけるのは、大佐への昇進においてである。

企業では、この大佐的な地位に昇進しても、市場調査部長、研究所長など、依然として機能的、技術的、あるいは何らかの特定の領域での職務への昇進にとどまる。しかし、その地位への昇進の決定は、明日のトップマネジメント候補の決定である。

しかもそれは、組織において最も目立つ意味のある昇進であり、みなが注目している昇進である。なぜならば、その地位の人間は、組織内の経営管理者や専門家のほとんどが仕事上の接触をもつ唯一の経営幹部だからである。

したがって、企業が経済的な成果の達成に焦点を合わせようとするのであれば、最も重要な地位を補充するにあたっては、企業の目標と成果に対する貢献の実績、経済的な課題についての証明済みの能力、一つの技能や技術ではなく企業全体のために働く意欲を重視し報いなければならない。

もちろん経済的な課題についての能力と意欲だけが、経営幹部としての唯一の要件ではない。経営幹部以外の場合には、例えば団結した効率的なチームをつくってそれを率いる能力のほうが重要である。しかし経営幹部については、経済的な成果の重要性への理解と認識が基本の要件である。

多様な人から成る組織の中に、事業において業績をあげることを浸透させることは容易ではない。だがそれは欠くべからざることである。業績をあげるための万能の方策はない。そのような計画を立て、詳細を定め、具体化を図り、成果をあげるのは、一人ひとりの経営幹部である。経済的な成果は、景気のよしあしによってもたらされるのではない。人によって実現されるのである。

終　章❖コミットメント

社会における経済的機能をまっとうする

今日、経済に関わる意思決定は、主として、企業に雇われ、企業で働き、企業とともに働く経営幹部によって行われている。もはや、それらの意思決定は、独立して働いている個人、すなわち企業家だけによって行われているのではない。

現代の経済と社会における企業家的な活動の中心は、組織体としての企業である。企業が行う経済上の意思決定によって、経済の水準、方向、道筋が決定されている。

伝統的な企業家は消え去ってはいない。今日発展しつつある産業経済は、新しい事業を自らのために独力で始める個人に対し大きな活躍の場を与えている。第二次世界大戦後、アメリカ、西ヨーロッパ、日本、インド、中南米において、多くの新規参入者が、ほとんど無からスタートして、独力で新しい事業、新しい産業を興した。

しかし今日では、彼らのうち最も活躍している者でも、すでに確立され組織された企業と比べるならば、経済全体においては、ごく小さな要素にすぎない。

しかも、彼ら個人としての企業家も、少しでも成功を収めれば事業を組織化し、自ら組織の経営幹部とならなければならない。さもなければ、その企業家的な成功も直ちに無と帰する。今日の経済においては、中小企業といえども、かつての最も富める企業家の個人企業よりも、はるかに大きく複雑なものとなっており、まったく種類の異なる存在となっている。

したがって、今日では、あらゆる企業において、経済的な課題と意思決定のための体系的な取り組みが日常のものとして求められている。まさに本書の関心事が、経済的な課題とは何か、いかにそれらを体系化するかという問題だった。

そして、もし企業が現代経済における企業家活動の中心であるとするならば、そこに働く知識労働者は、すべて企業家として行動しなければならない。知識が中心の資源となった今日においては、トップだけで成功をもたらすことはできない。今後、企業が知識組織となるほど、企業全体とその成果に対し影響をもたらす意思決定を行う経営幹部の数が多くなっていく。

といっても、今後、トップマネジメントが重要でなくなり、その仕事が易しいものになるということではない。逆にいまや、トップマネジメントは、知識労働者を成果をあげる経営幹部とすべく、彼らをリードし方向づけし動機づけしていかなければならない。

今日、組織に働く知識労働者は、三つのコミットメントを果たさなければならなくなっている。

- 自らの知識と努力をして経済的な成果に貢献させるコミットメント。知識労働者たる者は、仕事や技能や技術ではなく貢献に焦点を合わせなければならない。
- 集中するコミットメント。知識労働者たる者は、企業の経営幹部として、自らの管理下にある唯一最大の資源、すなわち自分自身を機会と成果に割り当てる責任を果たさなければならない。
- 自らの職務と仕事、および企業全体としての経済的課題を、体系的、目的的、組織的に遂行するコミットメント。

今日、マネジメントの社会的責任が強調されている。企業に働く知識労働者はいまや産業社会における新しいリーダー的な階層である。そしてリーダー的な階層には自らの当面の課題や領域を超えた責任がある。

特に今日、マネジメントの最大の社会的責任は、一般人、すなわち企業の外にあって企業について何も知らない教育ある人たちが、企業は何を行い、何を行うことができ、何を行うべきであるかを理解できるようにすることである。

今日、企業に対する敵意と見られるものの多くは、実は研究もされていなければ説明もされていない企業活動に対する自由業者、公務員、学者など、教育ある素人の困惑から生じたもの

であるにすぎない。

例えば、インドのネールとその同時代人が社会主義者になったのも、その遠因は、彼らの知的教師たる一九〇〇年代初頭のイギリスのフェビアン主義者たちが、当時の企業を見たときに感じた軽蔑感、すなわち人間的な心さえ捨てれば誰でも勝てるという博打的な事業に対する軽蔑感にあった。

いかなるものであれ、人の活動というものは、それが体系的かつ組織的な目的意識をもつ活動であることを示しえないかぎり、すなわち一つの普遍的な体系として示しえないかぎり、部外者の目にはそのように見えるものである。

企業の経営幹部がこの二〇年間に、リーダー的な階層となったのも、主として彼らの職務たるマネジメントの経営管理的な側面、すなわち企業という人間組織を計画し、構築し、方向づけるという側面を体系として発展させることができたためである。しかし、彼らの職務の企業家的な側面、すなわち企業に特有の経済的機能を扱う側面は、いまだ体系として発展させられていない。

世界中において、今日、企業の経営幹部は、体系としてのマネジメントの経営管理的な側面に全面的にコミットしている。しかしいまや、企業家的な側面にコミットしなければならない。

企業家精神が体系として提示され、資源が体系的に利用されたとき、教育ある素人たちも、産業社会における経済的機関としての企業が行おうとしていることを理解し、行っていることに敬意を払うようになる。そのとき初めて、社会にとって企業活動が当然の活動とされ、企業の経営幹部の貢献が世に理解されるようになる。

知識労働者は、自らのためにも、貢献、集中、目的的な企業家精神にコミットしなければならない。自らの人生と仕事を有意義で満足なものにするためにも、そのようなコミットメントが必要である。

今日、ますます多くの知識ある人たちが企業で働くようになっている。事実、現代の企業こそ、知識を生産的に役立たせることのできる職場の最大の供給者である。高価な教育投資が行われている知識労働者に対しては、仕事と成果について高い要求を課して当然である。しかし、知識労働者のほうも、職務がもたらすべき満足と刺激について高い要求を課すべきである。

経済的な課題というものは、望むらくは本書が明らかにしてきたように、目的意識と責任感をもって、そして知識と先見性をもって果たすならば興奮させられる刺激あるものである。それは、知的な挑戦、達成の満足、そして混沌に秩序をもたらすことによって得られる独特の喜びを与えてくれるものである。

訳者あとがき

本書は、経営学を創始しかつ確立した経営学者、P・F・ドラッカーの経営書、*Managing for Results*, 1964（旧訳『創造する経営者』ダイヤモンド社、一九六四年）の最新訳であって、今般ドラッカー名著集「P・F・ドラッカー・エターナル・コレクション」の第六巻として刊行することになったものである。『現代の経営』『経営者の条件』と並ぶドラッカー経営学の三大古典の一つである。

ドラッカーの経営書は、なぜこれほどまでに世界中で読まれるのか。面白くて役に立つからである。しかも人と社会と組織と経営の本質を教えてくれるからである。特に本書は、ドラッカーが最初につけようとした書名が「事業戦略」であったことからもうかがえるように、企業に働く者や企業と関わりをもつ者にとっては戦略を考えるうえで必読の書といってよい。

企業あるいは組織、さらにはそれらのマネジメントに関心をもつならば、ということは、現代社会とその行方について関心をもつならば、たとえ斜め読みでもまずドラッカーを読んでおきたい。数ある流行ものからは手に入れられない基本を知ることができる。

一見したところでは、現代社会最高の哲人としてのドラッカーとマネジメントの父としてのドラッカーと二人のドラッカーがいるかに見える。しかし、現代社会の担い手が組織体、特に企業になったとき、人と社会と文明に関心をもつドラッカーが企業のマネジメントに関心をもったことは当然のことといえた。そしてそこから人類にとってのマネジメントが生まれ育った。

しかも今日、情報化の急速な進展の最中にあって、ドラッカーがいったことはすべて新しい現実として、われわれの眼前に展開しつつあるところである。時を経るほどに新鮮になるというドラッカーの不思議さには魅了されるばかりである。

本書の訳出にあたっては、多くの版数を重ねてきた前訳の『創造する経営者』が大変参考になった。野田一夫、故村上恒夫の両氏には、心より感謝と敬意を表したい。

本書の刊行にあたっては、ダイヤモンド社の前澤ひろみ氏にお世話になった。深く謝意を表する次第である。

上田惇生

二〇〇七年四月

時間とは、生存と休息に必要な時間を差し引いた残りであって、レジャー、レクリエーション、教育などに利用しうる時間である。

❖第9章

1) Alfred P. Sloan, Jr., *My years with General Motors*, Harold Matson Company, Inc., 1963 (邦訳:アルフレッド・P.スローン, Jr. 著、有賀裕子訳、『[新訳]GMとともに』、ダイヤモンド社、2003年)
2) 心理テストの一手法で、好ましさの度合いなどが同程度と思われる2つ (あるいはそれ以上) の選択肢から、強制的にいずれかを選ばせる方法。

❖第10章

1) Richard A. Smith, *Corporations in Crisis*, Doubleday, Doran & Company, Inc., 1963. (邦訳:リチャード・A.スミス著、高山檀訳、『危機に立つ大企業』、ダイヤモンド社、1965年)

❖第13章

1) 1861〜1947年。馬車製造業で成功したのち自動車製造に進出。1908年GM設立。買収と合併で同社を成長させた。
2) 『タイム』(1962年10月4日付)

❖第14章

1) ツィーグラーのエチレン重合触媒の開発は低圧ポリエチレン合成に、 ナッタの研究はポリプロピレン合成の工業化などに利用された。

注・参考文献

❖第2章

1) 喜劇『町人貴族』の主人公。貴族的教養を身につけ、貴族階級に認められることを夢見た大金持ち。

❖第3章

1) 現在でいう活動原価計算（ABC）。
2) 付加価値が一般に使われている言葉である。しかし、製造業流通業の如何を問わず、付加コストと呼ぶほうが的確である。第一に、価値を付加するのは顧客である。企業が行うことはコストの付加である。第二に、問題は付加したコストのうちどれだけが価値となりどれだけが漏失や浪費となるかである。だが、今日付加価値なる言葉はあまりに一般化している。ここでこれを改めるのはやや衒《てら》いの気味があろう。
3) 独占企業は売上げが少ない。一社だけが供給しているかぎり、重要な製品であっても、売上げは可能性を極めることはもちろん、大幅に伸びることもない。アメリカのアルミ産業がよい例である。アルミニウム・カンパニー・オブ・アメリカは、価格の引き下げと新用途の開拓において進歩的ともいうべき独占企業の範だった。しかし、アメリカにおけるアルミ消費の爆発的な伸びは、第２次世界大戦中政府がアルミ産業に新たに2社を参入させたのちに始まった。

 独占が利益につながらない原因の一つは、いかに大規模の独占企業であっても、独力では新しい市場を創造できないからである。新しい市場には唯一の正しい方法などは存在しない。しかし競争という挑戦がなければ、他の選択肢など考えつきもしないし積極的に探すこともしない。

 もう一つの原因は、いかに進歩的であっても、独占企業は放っておいても逃げていくことのない市場や顧客をないがしろにしてしまいがちだからである。

 しかし、最大の原因は、独占企業の取引先たるメーカー、問屋、小売業、顧客が、そのような唯一の供給源に依存することを嫌い、そのような市場を支配している独占企業との取引を抑えようとすることにある。

❖第6章

1) 可処分所得とは、給与から税金その他強制的な控除を差し引いた残りである。自由裁量所得とは、可処分所得から必需品に対して支払った残りである。自由裁量

［な］

［は］

［ま］

［や］

［ら］

［わ］

索引

[著者]
P.F.ドラッカー（Peter F. Drucker、1909-2005）
20世紀から21世紀にかけて経済界に最も影響力のあった経営思想家。東西冷戦の終結や知識社会の到来をいち早く知らせるとともに、「分権化」「目標管理」「民営化」「ベンチマーキング」「コアコンピタンス」など、マネジメントの主な概念と手法を生み発展させたマネジメントの父。
著書に、『「経済人」の終わり』『企業とは何か』『現代の経営』『経営者の条件』『断絶の時代』『マネジメント』『非営利組織の経営』『ポスト資本主義社会』『明日を支配するもの』『ネクスト・ソサエティ』など多数ある。

[訳者]
上田惇生（うえだ・あつお）
ものつくり大学名誉教授。1938年生まれ。64年慶應義塾大学経済学部卒。経団連会長秘書、国際経済部次長、広報部長、経済広報センター常務理事、ものつくり大学教授を経て、現職。ドラッカー教授の主要作品のすべてを翻訳。『プロフェッショナルの条件』他を編集。共著『ドラッカー入門［新版］』。ドラッカー自身からもっとも親しい友人、日本での分身とされてきた。ドラッカー学会（http://drucker-ws.org/）初代代表（2005－2011）、現在学術顧問（2012－）。元・立命館大学客員教授。

【ドラッカー日本公式サイト】 http://drucker.diamond.co.jp/

ドラッカー名著集⑥
創造する経営者

2007年5月17日　第1刷発行
2024年12月23日　第16刷発行

著　者――P. F. ドラッカー
訳　者――上田惇生
発行所――ダイヤモンド社
〒150-8409　東京都渋谷区神宮前 6-12-17
https://www.diamond.co.jp/
電話／03･5778･7233（編集）03･5778･7240（販売）
装丁――――竹内雄二
製作進行――ダイヤモンド・グラフィック社
印刷――――八光印刷（本文）・加藤文明社（カバー）
製本――――ブックアート
編集担当――前澤ひろみ

ISBN 978-4-478-00056-4